关公文化十六讲

胡小伟 著

题签者：刘世定

中国国际广播出版社

序言

关公之义

——胡小伟"关学"研究初探*

引　言

在研究中国社会的社会学家中，有一些人对关公崇拜现象给予关注。例如，杨庆堃在1960年代出版的著作《中国社会中的宗教：宗教的现代社会功能与其历史因素之研究》中，指出了中国社会的人格神崇拜中关公的突出地位，认为关公信仰起到了支持普遍和特殊价值观的作用（杨庆堃，2007，第155页）；杜赞奇在《文化、权力与国家：1900—1942年的华北农村》中，不仅注意到农村中关公崇拜的普遍性，而且考察了关公崇拜如何在国家权力与地方性文化网络的交织中发挥作用（杜赞奇，1994，第127—134页）；费孝通教授在1990年代进行地方经济社会调查时，曾隐喻式地描述经营者在供奉财神关公与尊待客户之间的关联（费孝通，2009，第327—328页）。尽管可

* 本文写作中，得到邱泽奇教授、何蓉教授、杨清媚博士的帮助，在此表示感谢。文中的观点由本人负责。

以举出这样一些研究例子，但在以大学和研究机构的职业为标准的学科群体划分中，属于社会学者这一群体的人对关公崇拜现象的研究是相当不充分的。有幸的是，不属于这一群体的胡小伟先生，却积二十余年的工夫致力于这一领域的研究，并取得了丰硕成果。在本文中，笔者试图对胡小伟先生的“关公研究”中的社会学意涵进行探讨。

胡小伟先生有关“关公信仰研究”的内容十分丰富，社会学意涵只是其中的一部分。然而，我们有理由说，这构成了其整个研究的最重要部分。从小伟先生为其五卷本的《中国文化史研究·关公信仰研究系列》所写的序言中，可以看到其研究的着力之处与社会学关怀的亲和力。他写道：

> 如何将各个不同时代的关羽形象恰如其分地放置在具体生成的背景之中，凸现其变化的因果联系，以及与同时代其他宗教、社会、民俗、政治、经济等多种因素的互动影响，然后又如何展现在文学艺术之中，才是更富有挑战性的课题。（胡小伟，2005，第4页）

仅就小伟先生“关公信仰研究”中的社会学意涵而言，内容也非常丰富。本文所选择的视角和内容，并不试图展其全貌，而仅以笔者的知识结构和学术偏好为基础，择其中有进一步研究潜力者而论之。

在我看来，小伟先生的“关公研究”在某些方面已如登上高峰。在这些方面的研读，不论对个人学识的增进，还是对社会文化的理解，固然是十分有益的。但从学术角度来看，顺其路再前行，只能拾遗补阙，收递减之边际学术收益。而其研究的另一些方面，则还处于开拓阶段，将引出一系列有“后代”的研究。本文着眼于后者。笔者在此提醒读者，万不能因此而忽视前一方面。

1. 中国的社会规范演化研究：不同范式

文学研究出身的胡小伟先生，注意到当代文学研究中的“文化研究”取向。然而，与一般文学研究者不同，他将“文化研究”迅速转向对价值体系的关注。他写道：

> 大概而言，文化现象虽然呈现出多元散射的状况，但是价值体系——或者如唐君毅先生所谓民族“凝慑自固之道”——却始终是“文化”问题的核心。当我们从多元散射聚焦核心时，就是“文化研究”。这就是我对“文化”的理解，也是我研究关羽崇拜的主要旨趣和方法。（胡小伟，2009，第5页）

从制度研究视角来看，小伟先生所说的“价值体系”，包含在社会学、新制度经济学所关注的社会规范中。社会规范的变迁，具有演化的特点（哈耶克，2000；诺思，1994，第50—62页）。而小伟先生着力的关公崇拜中的价值体系研究，也选取了演化视角。这在他的下列陈述上表现得异常生动、明确：

> 如果以三国史籍立论，后世有关关羽的种种传说故事，自然是赝品，不劳分证。但“关羽崇拜”正是在这种情势下历代相沿，积微见著，蔚成大观的。（胡小伟，2005，第3页）

这样，他所关注的，远不是作为自然人的关羽，而是作为社会演化现象的关羽，或者说作为社会价值的人格化的关羽。

如果说，上面的这些陈述只是说明小伟先生的研究与社会学的研究有某些相同的旨趣，那么，进一步的问题才是更令我们感兴趣的：在蕴含着社会规范演化的关公崇拜的演变中，体现出中国历史上社会规范演化怎样的模式？其演化和怎样的社会结构性因素有关？正是在这一问题上，小伟先生的研究凸显出特色。

围绕这一问题，传统的研究范式是“家族—国家”，即在以血缘为纽带的家族和国家的互动中，以及在家族规范和国家规范之间的互动中研究中国社会规范的演化。具体而言，则是以儒家学说为思想基础，以围绕科举制形成的学场为中介，探讨连接家族和国家的社会规范演化。循此范式的研究文献可谓汗牛充栋，不再详述。

小伟先生的“关公研究”，则跳出了上述范式。他紧紧抓住关公崇拜中超越血缘的价值规范“义”，进而联系“市场、江湖”等社会结构因素，再连接国家权力的介入，形成了“超家族—市场、江湖—国家”的研究范式。在他的著作中，有关“唐宋转型”“江湖社会”“‘义’之为道”“异姓结义”等章节，集中体现了这样一种研究范式。（胡小伟，2009）

小伟先生的研究，非常强调市场与社会价值规范中的“义”之间的关系。他写道：

其实司马迁《货殖列传》早已明言“牟利冲动”的不可抗拒性质。既然人自为利，商业伙伴也不可尽信。邻里可以“无情”，伙伴也可以“卖假”。于是“轻死重义”之“义”，包括“恩义”“情义”“信义”等亲宗法制度以外，平等相交的相互

规范，开始成为人际交往的一种新准则。（胡小伟，2009，第78页）

唐宋经济社会变迁而形成的“江湖社会”扩张，是小伟先生分析关公崇拜兴起的重要线索。他写道：

中唐以后中央重负端赖水网运输，“仰食东南”的现象愈来愈明显。……水路运输的通畅状况，直接决定着都城的设置和后续命运，也是后世所谓“江湖社会”兴起之由。而流动社会中如何形成、维系平等交往的人际关系，则又是“隐秘社会”崇尚关公的重要原因。

宋人虽然重视回归家族，敦亲睦邻，但是社会演进、技术进步和经济结构变化，势必带来社会空间之扩大，也造成个人出入家族内外的灵活余地。人流物转既然自中唐已经大兴，宋代更是势如离弦之箭，欲罢不能，而且有若干新的措施在制度上助长了流动趋势。“江湖”社会的空间，亦应运而生。（胡小伟，2009，第79页）

事实上，在小伟先生之前，已经有一些研究者指出了关公崇拜和市场经济发展、血缘团体的局限性之间的联系。黄华节在《关帝的人格与神格》中指出，时至清朝，自然经济和血缘团体逐渐解体，多姓氏村庄开始增加，出现了大批客商和游民。这些新群体无法依靠血缘关系来增强团结、保护共同利益，于是求助于关公的忠义象征来维持，关公形象被作为交友之道的原则，使关帝庙在各地变得更加普遍。杜赞奇也注意到黄华节的这一论述。（杜赞奇，1994，第129页）因此，小伟先生可以说是承续了这一研究路径。然而，不论从资料的充实、还是从相关问题的延展等方面看，小伟先生的研究仍有自己的特色。

“超家族—市场、江湖—国家”的研究范式和传统的“家族—学场—国家”的研究范式并不互斥，而是相互补充的。借用小伟先生的说法，“双向信道的形式，就正反映着这样的社会现实”。（胡小伟，2009，第79页）

2. “义”的研究路径

当把关公崇拜中内含的社会规范聚焦于“义”时，自然会提出的一个问题是，“义”在社会规范中有怎样的意涵？其意涵发生了怎样的演变？这就涉及对“义”的概念史考察。如果探索古代典籍，那会看到，管子、孔子、孟子、董仲舒、韩愈等中国思想史上的人物对此都有论述，从这些论述中也不乏可引申出对“义”的不同侧面的理解。不过，值得注意的是，小伟先生并没有循此路径展开他的思考。他指出，古今学者对“义”的讨论很多，“但多由典籍引论，概念推衍，鲜见从社会文化角度立论者。”（胡小伟，2009，第89页）

在这里，我们不追究从典籍引论进行研究是否也属于社会文化角度立论的路径之一这个见仁见智的问题。我们且跟随小伟先生，看他如何解决从社会文化角度去考察“义”的技术路径问题。换言之，如何更贴近“超家族—市场、江湖—国家”的研究范式来考察“义”？他采取的一条技术路径是，从中国古典小说中的有关内容来分析人们的思维方式。“小说是唐代新兴的民间文体”，而据小伟先生的考察，唐宋社会转型是“江湖空间”形成的重要背景。因此，小说的兴起和江湖社会有密切关联。小说是比典籍更有“市场、江湖”渗透力的文化形式。可见，小伟先生以小说为其研究“义”的技术路径，是和他对关公崇拜中的价值规范演化的大思路相匹配的。

小伟先生以小说为线索对“义”概念史的考察包含了两个方面，一个方面是“义”字本身的意涵及其演变；另一方面则是“义”与其他的字（这些字也有社会规范意涵）组合成的词的意涵演变。他写道：

> 1989年3月我在澳洲，曾有机会应华裔学者Phd.Mable Lee的邀请，在悉尼大学一个中国问题系列论坛上作了一次讲演，题目是《中国古典小说与中国人的思维方式》，重点就是从关羽何以为“义神”，谈到“义”在中国伦理中具有多重组合功能，如“仁义”“忠义”“信义”“情义”“孝义”“节义”“恩义”等。（胡小伟，2009，第89页）

这些考察的收获说明，他选择的这条技术路径是有效的。

小伟先生选择的尽可能贴近现代考察社会规范的研究路径，和社会学有亲和性。当然，社会学者在考察现实社会运行中发挥作用的社会规范时，在有条件的情况下将首选对当事者的调查。在他们看来，“义”规范的内涵存在于现实运行的社会中，其现实性超于典籍乃至文学作品中的描述。我相信，社会学者通过田野工作对当事者的“义”认知及其借助“义”规范互动的研究，将会和小伟先生的文学文本“义”研究形成呼应。

3. 关公崇拜与中国社会中的自组织

上面讨论中涉及的市场和“江湖社会”，都和自组织有关。组织是遵循一定规范的集体行动体，人们所循规范的特性影响着组织规模和运行特征。关公崇拜中既然蕴含着特定的社会规范，那么逻辑上的合理推论是，它会对自组织规模和运行特征有所影响。

最富于扩展性的自组织形式是市场。美国经济史学家道格拉斯·诺思在研究欧洲市场经济发展和社会规范的关系时，曾指出了这样一个过程：小规模的村落贸易存在于密集的社会关系网络内部，这种密集关系网内部的非正式的规范保障了交易秩序，也使交易成本很低；随着贸易的扩展，交易参与者不再只是密集社会关系网络内部的成员。所以仅仅靠这些关系网内部的规范来保障交易秩序已经不可能了，因此交换中的冲突增加，交易成本上升。这时，跨越了初级的密集社会关系网络的宗教戒律发挥了重要作用。随着贸易的进一步发展，市场的扩张，具有不同宗教信仰者的介入，宗教戒律的作用也不够了，于是，和政治相联系的司法体系、相应的产权保障制度发展起来。（诺思，1991）

诺思叙述的内在逻辑是：市场扩展带来交易成本提高的问题；为应对这一问题，适用范围更为广泛的社会规范因能降低交易成本而得以发展。循此逻辑，在小伟先生有关关公崇拜的扩展研究中，我们也可以看到既有相似而又有所不同的过程。在中国的传统文化中，有一套基于血缘、家族的规范体系。这套体系，和诺思讲到的基于密集社会关系的规范有一定的对应性。当人们的活动主要是在基于血缘的家族系统中进行的时候，这套规范体系是起作用的。但是，当活动超出家族系统之后，仅依靠家族内的规范来协调交易秩序便力所不能及了。那么，中华民族的先人们该怎样维系秩序？该遵循何种规范维系秩序？这时，“义”的作用便凸显出来，关公崇拜的意义也凸显出来。“义”是跨越家族体系的，是在非血缘关系人之间、甚至在陌生人之间通行的规范。如果与诺思上面的论述作比较的话，则“义”在一定程度上对应着诺思所说的不同于密集人际关系规范的更有普遍性的宗教规范。这对于理解中国市场经济的扩展规模提供一个非常重要的视角。

小伟先生虽然并未着力于研究关公崇拜中的价值规范对自组织规模和运行特征的影响，然而，他在关公崇拜的演化过程研究中采用的“内史”和“外史”相结合的方法，却对这一研究有重要的帮助。所谓“内史”方法，是注重于关公崇拜中价值内涵本身的逻辑演化；而“外史”方法，则是将关公崇拜中的价值体系的演化作为外部环境变化的结果来理解。小伟先生采用的两者结合的方法，为社会学者结合关公崇拜研究社会自组织规模和运行特点的演化，提供了线索。

4.“义”与企业家精神中的伦理规范

在我读到的小伟先生的文章中，尚未见到将关公崇拜中的“义”和企业家概念明确联系起来的阐述。但出于两方面的考虑，我认为有理由将二者联系起来思考，并作为小伟先生的研究工作的自然延伸。一是在他的研究中，在讨论关公崇拜和市场经营活动的关系时，非常注重“义”和“利”的关系。他注意到明清两代商人中的“利以义制，名以清修，各守其业，天之鉴也”，“以义取利，而更无不利也”的种种说法，认为“关公作为‘义神’，无疑在其中起到了重要的制衡作用”。（胡小伟，2009，第485页）固然，经营者并非都是企业家，但经济企业家一定是经营者，二者的精神和规范有相通之处；二是小伟先生的关公文化研究，强调价值规范的延续性（我们在后面还要谈到这点），故此将“义”联系今人十分关注的企业家精神，也并非牵强。基于这两点考虑，我们在这里考察一下“义”与企业家精神中的伦理规范的关联。

在以下的讨论中，我们将从以下这三点把握“义”的特征：

（1）“义”是超越血缘关系的一种社会规范；

（2）“义”是长久的责任关系；

（3）“义”可以超越狭隘私利的权衡，为实现更远大目标协同行动。

关于企业家精神，我们拟从两个角度，即熊彼特式的要素创新组合角度，以及伯特式的网络能动结构角度，对“义”与企业家精神间的关系略作探讨。

研究企业家的人皆知，熊彼特把承担要素创新性组合功能的人称为企业家。在他那里，实现新的组合被理解成一个特别的、有着超越常规困难的过程和职能。这一过程和职能存在的困难是：（1）在习惯的渠道之外，个人缺乏供决策之用的准确数据和行动路线；（2）人们在心理上具有惰性，不愿意去做那些不熟悉的事情；（3）社会环境常常对想做新事的人施加负面的反应。在熊彼特的阐述中，特别强调了克服这些困难的企业家需具有特殊的心理气质。（熊彼特，1990，第73、83、87—96页）

我们的问题是：企业家具有的特殊心理气质，除了来自先天的因素外，社会规范的内化状态是否发挥作用？从马克斯·韦伯关于新教伦理和资本主义精神的富有启发的讨论中（虽然讨论的不是熊彼特意义的企业家精神），以及从社会学关于社会规范内化的研究中，我们有理由做出肯定性的假设。

如果我们承认中国传统文化中的某些社会规范能够在今天和熊彼特意义上的企业家精神发生连接，那么，“义”是最有可能建立这种连接的社会规范。根据如下：

（1）“义”是超越血缘关系的社会规范。在其他条件相同时，具有“义”行为特质的经营者较之狭义“差序格局”者能够接触到更多的异质性要素，从而更可能实现要素的创新性组合，成为企业家。

（2）“义”所具有的勇于放弃常规利益的特点，使“义”者的精神气质和打破因循的企业家精神具有亲和力。

（3）“义”作为在市场活动中备受推崇的行为规范已经有相当长的历史。这一规范虽然在废除市场经济的年代受到压制，但是其根系未断。在市场经济重新得到发展的当今社会，“义”的精神也重新获得弘扬的土壤。

把社会关系网结构分析引入市场竞争分析的伯特提出了一个不同于熊彼特的企业家精神分析视角。在他的分析中，经营活动的参与者都携带社会关系网参与竞争。社会关系网提供了许多影响经营收益的机会，而在给定的机会面前，并非人人都能同等地运用社会关系网抵达成功的目标。有一些人不是被动地承受社会关系网给予的机会，而是能够澄清机会，营造机会，能动地建构网络中的“结构自主性”，创造性地建构优化的社会关系网结构，这些参与者也就是具有企业家精神的参与者。（伯特，2008）

当我们从社会关系网视角来考察企业家精神的时候，“义”在其中有何作用？

（1）较之仅基于血缘、家族关系建构网络的人来说，“义”者有可能建立规模更大的、结构更多样性的关系网；

（2）“义”文化中所包含的长期责任精神，与社会关系网建构和维系中必需的长期责任精神，有相通之处；

（3）“义”文化中内含的超越狭隘利益的精神，使“义”者在克服不利条件带来的困难，在困境中利用关系网把握机会方面，具有相对优势。

已经有不少研究者注意到华人企业发展中，社会关系网所具有的重要作用，企业家网络已经构成一种特殊的组织形态（陈介玄，1994）。对这种形态中的深层文化的探讨，离不开对“义”文化的考察；对这种形态中的企业家精神的探讨，“义”文化是一条重要的线索。

前面主要探讨了“义”与经济活动中的企业家精神之间的相通之处。然而也必须看到，“义”文化与经济活动中的企业家精神之间在一定条件下存在着张力。首先，企业家精神中强调了对新的机会的把握。而“义”者不仅可能在更大的视野中发现机会，而且可能在一定的条件下为某种目标放弃这些机会；其次，在“义”文化的驱使下，经济经营者可能放弃成为经济的企业家，而成为社会的企业家，或成为政治的企业家。尽管存在这样的张力，探讨“义”与企业家精神之间的正向关系，仍是一件富有趣味的二作。

对于受中国传统文化影响的华人企业家的价值规范，已有一些研究者考察了儒家规范特别是家族规范的影响（雷丁，2009）。但对超越家族规范的“义”的影响，则研究不多。若在后一方面能有所展开，将补充另一番学术天地。

5. 对国家建设与社会建设之文化结合的启示

小伟先生对关公信仰演化的研究，以“超家族—市场、江湖—国家”范式展开，不仅涉及社会关系规范与社会组织发展，而且涉及国家信仰体系演变。

从社会学视角观之，他的研究既涉及社会建设，也涉及国家建设。不仅如此，其中最有学术潜力、值得进一步探讨的一个重要领域，就是国家建设和社会建设的文化结合。这既是他的学术追求，也是他的社会关怀。

就国家建设和社会建设的价值规范关系而言，从理论上加以适当简化后，可以分成以下几种理想类型：

类型Ⅰ：价值规范既推动社会建设，又推动国家建设；

类型Ⅱ：价值规范推动社会建设，却抑制国家建设；

类型Ⅲ：价值规范推动国家建设，却抑制社会建设；

类型Ⅳ：价值规范既抑制社会建设，也抑制国家建设。

仅从这样的简单分类中，亦可体会到价值规范体系的内涵对国家建设和社会建设间关系的影响，进而对国家演化和社会演化状态乃至方向的影响，这是非常重要的。从小伟先生的研究中，多少透露出他的一个猜想：关公信仰的演化，至少在一段时间中，具有类型Ⅰ的特征。而这种类型，较之另外三种类型，有着相对的优势。

国家建设中所依据的价值规范和社会建设中所依据的价值规范之间的关系，是一个从理论到经验研究都有待深入开掘的主题。小伟先生在关公信仰演化研究中所做的工作，具有重要的启示。

6. 决裂与连续

在中国近代面对巨大的外来冲击，发生重大社会变迁的过程中，传统价值规范的决裂与连续问题在学术上被提到重要位置。与对连续性持批判态度的观点不同，小伟先生强调连续性的合理成分。他写道：

> 我与他们在学术立场上的最大区别，就是着眼于“连续性”的合理成分，变“后现代”大批判开路之“解构”，为对历史持“同情之理解”的“重构”。目的当然是为21世纪重建中华文明的价值体系，寻找到可资利用的传统文化资源。（胡小伟，2009，第13页）

小伟先生的这段对传统文化连续性的论述，意在突出表明他的立场。从社会学研究方法的角度看，无疑是“应然”论述，即从某种价值标准出发阐述应该如何。在他这里，主张应该看到传统文化的合理成分，应该将这些合理成分结合到价值体系的重建中去。不过，他对“关公研究”的兴趣，事实上起因于实然观察。他写道：

> 1985年我因探亲在香港盘桓了几个月，有时间随处走一走。一日偶然注意到商家供奉关公者极多，心中忽焉一动。熟悉《三国志》，尤其是三国小说戏曲的都知道关羽，但是从民间信仰和社会崇拜的角度来思考这个问题，又该是另有一番天地。（胡小伟，2005，第1页）

从社会学研究首先关心的实然研究角度看，小伟先生对传统文化在现代社会中的连续性的把握，不论从直觉还是从其观察来说，都与当代制度研究的结论相吻合。

新制度经济学从交易成本的角度分析指出，制度变迁是有成本的，有激励进行制度变迁的个人或群体若要对整个制度体系，其中包括有国家强力为后盾的法规和依靠道德、禁忌等的传承维系的社会规范——进行完全的改变，其成本将高到使社会无法承受。因此，新制度经济学强调变迁总是发生在“边际”上，是渐进扩散和演化的。一些社会学者则从社会规范在个人心智结构中内化的角度指出，人们之间的互动，包括使制度发生变革的互动，总是携带着某些内化的规范进行，这些内化的规范，潜在地影响着他们的追求，影响着他们的制度想象力。任何一个具有某些社会性的人（哪怕只是有限社会化）都不可避免地习惯于乃至偏好于某些以往制度。这样，从内化的规范和变迁成本的角度可以理解，一场变革不论看起来多么剧烈，影响了多少人的利益和地位，究其制度内容而言，仍可以看到变革前后的延续性。

因此，社会价值规范的完全的决裂是不可能的。现实存在的差异，不过是接续什么，抛弃什么，或哪些弘扬，哪些式微，以及接续的程度。小伟先生对关公崇拜的资料的系统搜集和研究，使我们看到其中蕴含的某些价值规范的延续，也透露出在不同的社会背景和条件下，某些规范得以弘扬或压抑的信息。如果说小伟先生的关公文化研究带有某种应然诉求的话，那么，他事实上是期待在社会价值体系延续和一定程度的重构中，保留更多的关公文化要素。

结　语

本文是笔者阅读胡小伟先生的“关公信仰研究”著述时，从社会学角度进行的一些思考。我们从小伟先生研究中，透视了中国社会规范演化研究的不同范式、“义”的研究路径、关公崇拜与中国社会中的自组织、“义”与企业家精神、国家建设与社会建设的关系、社会规范历史变迁中决裂与连续等社会学者关心的问题。必须承认，笔者不论是对小伟先生著作中所涉资料的研究，还是对引发出的上述那些问题的思考，都是很初步的。把这些初步的想法写出来，是希望有更多的社会学研究者重视小伟先生做出的富有开拓性的工作。

无疑，对于本文所谈的那些问题的选择，带有笔者的研究偏好。如果其他的社会学研究者乃至非社会学的其他社会科学学科的研究者从小伟先生的“关公信仰研究”中看到了更多的值得研究的范畴，那正是笔者的期待。

刘世定

参考文献：

［1］伯特. 结构洞：竞争的社会结构［M］. 任敏，李璐，林虹，译. 上海：格致出版社，2008.

［2］杜赞奇. 文化、权力与国家：1900—1942年的华北农村［M］. 王福明，译. 南京：江苏人民出版社，2010..

［3］陈介玄. 协力网络与生活结构：台湾中小企业的社会经济分

析［M］.台北：经联出版社，1994.

［4］费孝通.费孝通全集：第16卷（1997—1999）［M］.呼和浩特：内蒙古人民出版社，2009.

［5］哈耶克.致命的自负［M］.冯克利，胡晋华，等译.北京：中国社会科学出版社，2000.

［6］胡小伟.中国文化史研究·关公信仰研究系列（第1卷）·伽蓝天尊：佛道两教与关羽崇拜［M］.香港：科华图书出版公司，2005.

［7］胡小伟.关公崇拜溯源［M］.太原：北岳文艺出版社，2009.

［8］雷丁.华人的资本主义精神［M］.谢婉莹，译.上海：格致出版社，2009.

［9］诺思.制度、制度变迁与经济绩效［M］.刘守英，译.上海：上海三联书店，1994.

［10］熊彼特.经济发展理论：对于利润、资本、信贷、利息和经济周期的考察［M］.何畏，易家详，等译.北京：商务印书馆，1990.

［11］杨庆堃.中国社会中的宗教：宗教的现代社会功能与其历史因素之研究［M］.范丽珠，等译.上海：上海人民出版社，2007.

［12］黄华节.关公的人格与神格［M］.台北：商务印书馆，1967.

前言 为什么是关公

关公者，关羽也。老一辈多从戏曲或小说中记住他的形象，年轻人可能在电视或电脑游戏里知道这个人物。不过提到关公信仰，大家对此几乎都是“知其然，而不知其所以然”。关公信仰有其奇特之处——儒、道、佛家各有神明，但都供奉关公；群行百业各有神明，也都供奉关公；世俗民间各有神明，还都供奉关公……神明多矣：佛祖、观音；玉帝、老君；娘娘、妈祖……哪位有此盛况？

作为汉末一将，关公生前得到的评价总体而言并非显赫，公元220年就义后也长期寂寂无闻，却于千载之下傲视群雄，成为中华大地“护国佑民”的神明。明清两代遍布神州的关庙，不但让刘备、曹操、孙权这些三国帝王黯然失色，甚至赶超“万世师表”的孔夫子。“县县有孔庙，村村有关庙”——修孔庙属于官方行为，而修关庙既是官方行为也是更广泛的民间行为，足见关公信仰深入基层、植入人心的群众基础。

研究关公信仰对审视中华民族的文化心理很有意义。在这一“造神”过程中，传说、笔记、平话、戏曲、小说等文学诸样式与民俗、宗教、伦理、哲学、制度相生互动。正是在这些人文因素共同作用下，从“刚而自矜”，“以短取败，理数之常也”(《三国志·关张马黄赵传》)，到“古往今来名将中第一奇人”(《三国志通俗演义》点评本即《三国演义》)，关公完成由人而神，由神而圣的崛起，至今一千八百年。对其中奥秘，先辈学者也曾提出疑问，但长期没有得到真正解答。比如，一时的关羽与千古的关公存在何种联系？为什么关庙深入中国几乎所有都市城乡、边疆海防？众多信仰中唯独关公信仰超越民族、宗教、阶层和国界，贯通中华文明，道理何在？

“不识庐山真面目，只缘身在此山中”，历代史家对关公信仰的始末根由、曲折转变，始终付诸阙如；“横看成岭侧成峰，远近高低各不同”，外国学者对关公信仰这一影响巨大的文化现象早有关注，但未能如在中国学其他领域那样取得成就。到了现当代，“统治阶级提倡”“《三国演义》影响”这两种解释众口一词，几成定论。殊不知，信仰的产生自有其传承发展的过程，对此的考察既不能转果为因，更不能“想当然耳”。比如，元大都“汉关羽”盛大游行仪式与《三国演义》何干？明代“倭乱”时吴地民间拜关公以自卫与统治阶级何干？还有一说，将关公信仰称为“小传统”（与孔子崇拜之“大传统”区别）且谓之游民文化。如此理会倒也别致，但仍有其不可解之处。关公信仰广及社会各阶层，远至海外几万里，难道其信众都是“游民”？对中华民族核心价值观无认同，自然视而不见其与关公信仰的内在联系；对先民世代供奉的神明不尊重，自然无从解读华夏几千年来兴废绝续的精神密码。古来英贤何止万千，为什么单单选中关公？

这难道不值得深思吗?

以三国戏曲小说故事为本分析人物形象，或者从民间叙事角度入手探讨关公信仰流变，自然是必要的。但如仅满足于此，就很难体现历史的传承和曲折。作为“活”信仰的主体，关公的形象从来没有被封闭、凝固在文字或口头，而是不断发展变化。他是“护法伽蓝”，又是“崇宁真君”；他是“关元帅”，又是“关夫子”；他是“关老爷”，又是“关玛法”（满语意为“关爷爷”）……研究者应该做的是将这些不同时代的关公“面孔”恰如其分地放置在具体生成的背景之中，凸现其变化的因果联系及与同时代其他宗教、社会、民俗、政治、经济等多种因素的互动影响。换句话说，也就是用上述史料而非颜料为关公画像，这不是更富挑战性的课题吗?

历千载而不衰，经六代而愈盛，关公信仰似乎成为中国历史文化的不解之谜。在有些人看来，这可能只是一个造神的、迷信的历史。倘若从更大的视野来看，则可能是中国传统文化演进过程中很重要的秘密。这个秘密必然关涉历史和文化研究的热点问题，比如中国社会分期、唐宋及明的几次社会转型、江湖社会、神道设教、理学再评价、儒学与“政教合一”、中华各民族纷争融合与汉民族意识形成和发展，晚明商业社会形成，满族入关前信仰关公的缘由……，等等。对现在掌握的史料加以研究后可发现，一千八百年的关公信仰发展呈现“米”字形态，其中至为重要的“十”字形交叉点集中在宋元之际，融会前此种种，包含后此种种，高潮在晚明，顶峰在清末。下面为您一一道来。

目　录

元代《新刊全相三国志平话》插画：结兄弟

德公*最长，关公为次，飞最小。以此大者为兄，小者为弟。宰白马，祭天；杀乌牛，祭地。不求同日生，只愿同日死。三人同坐同眠，誓为兄弟。【*今作玄德公】

第一讲 兄弟关羽

《三国志》说关羽与刘备、张飞“恩若兄弟”，《三国演义》说他们仨“结为兄弟”，因此古代到处都有纪念刘关张的三义庙。要评选中国历史上最著名的异姓兄弟，刘关张一定当选；为关羽一生挑选几个关键词，“兄弟”一定入选。

元代《新刊全相三国志平话》插画：宴桃园

有张飞言曰：此处不是咱坐处。二公不弃，就弊*宅聊饮一杯。二公见飞言，便随飞到宅中。后有一桃园，园内有一小亭。飞遂邀二公亭上置酒，三人欢饮。【*即敝】

云长出世

《三国演义》第一回是《宴桃园豪杰三结义》。这种安排，实际上点明这部小说在道德、伦理上的指向，大有深意。为什么在桃园？桃园给人什么印象？《诗经》有一句话很有名，叫“桃之夭夭、灼灼其华”。桃花盛开，果实累累，给人多么美好的联想！在灼灼桃花怒放的林中，一个背井离乡跑贩运的外地人关羽，用今天的话说就是山西民工，和河北两个当地朋友刘备、张飞结下终生情义。1994年版电视剧《三国演义》为这段故事写的歌很不错，名字就叫《这一拜》。

清末运城关庙关羽塑像（选自 *Die Baukunst und religiöse Kultur der Chinesen*《中国的建筑和宗教文化》，1914）

《三国志》介绍关羽生平行踪的第一句是“亡命奔涿郡”。为什么大老远往河北而来？他老家解州（今运城）在山西南部，涿郡（今涿州）在河北中部。原因可能有两个：一是，既然“亡命”，也许是犯王法，一般会跑到离政治中心比较远的地方才安全一些。解州离当时政治中心长安和洛阳都很近，涿郡相对偏远一些。二是，根据历史记载，中平元年（184）刘备起兵讨伐黄巾。“黄巾之乱”发源地在现在的邢台，离涿州很近。不排除关羽特意选择北上平乱，有志报国。

关公老家运城有这样的传说：当时恶霸吕熊鱼肉乡民，无恶不作。青年关羽看不过，打抱不平，遭追杀而避祸。恶霸天天逼着要人，关羽听说父母投井自杀，一怒之下杀了吕熊全家，只身出逃。到了潼关，那里已经画影图形，挂出捉拿他的通缉令。得人指点，在黄河里边一洗，脸就全变红了，所以才顺利过关。其实潼关在运城西边，关羽东去涿州投军的话是不应该绕远走那里的。还有传说称：有七家劣绅勾结吕熊欺压百姓，被关羽杀掉。类似这种讲述云长出世的民间传说力图塑造除暴安良的英雄形象，赋予其游侠气质。

三义相会

《三国演义》采纳上述传说并综合史书流传和后世形成的关公样貌特征，虚构刘关张相识情景如下：

正饮间，见一大汉，推着一辆车子，到店门首歇了，入店坐下，便唤酒保："快斟酒来吃，我待赶入城去投军。"玄德看其人：身长九尺，髯长二尺；面如重枣，唇若涂脂；丹凤眼，卧蚕眉，相貌堂堂，威风凛凛。玄德就邀他同坐，叩其姓名。其人曰："吾姓关名羽，字长生，后改云长，河东解良人也。因本处势豪倚势凌人，被吾杀了，逃难江湖，五六年矣。今闻此处招军破贼，特来应募。"玄德遂以己志告之，云长大喜。同到张飞庄上，共议大事。

这里的"势豪"意为有势力的豪强。此外从元到明，民间还流传刘关张三位草莽英雄的其他故事。比如"一龙分二虎"，大意是张飞是卖肉的，这个人比较好强。他卖肉，不像今天顾客至上，笑脸迎送。张飞卖肉，高兴才卖。当时没有冰箱，他每天把肉搁到井里。井水冬暖夏凉，起类似冰箱的保温作用。上头盖一个大磨盘，一般人搬不动，好像冰箱加保险箱一样。还放出话来，谁能把磨盘移动，肉就给谁。关羽正好路过，有人就怂恿他。关羽一发力，果然把磨盘盖移开。正要拿肉，张飞赶来想见识见识。以上见元杂剧《刘关张桃园三结义》，在蒙古豪强看来，二人必有一斗。结果旁边看热闹的人群里出来一位说：你俩都是好汉，跟我回去共议大事。此人就是刘备，这一出叫"一龙分二虎"。这算是后人合理想象，想象这样三位人物

涿州三义宫元代关羽塑像（不存）

为什么会遇到一起，头一面会是什么样的情况。

那么，相传刘关张结拜的桃园何在？历史上对此的确认也很有意思。张飞老家在何地早期史籍无载，而刘备老家有一个明显地标，就是那里有一棵大桑树，长得很高，形状像一把伞，所以村子就叫楼桑村。此事载于附有裴松之所做注释的《三国志》版本（以下简称裴注本）。刘备出生三百年后，其老乡北魏地理学家郦道元出生。也许那株大树楼桑已然不在，于是他这样在《水经注》中记下刘备故宅方位：

督亢沟水东经涿县郦亭楼桑里南，即刘备旧里也。

刘关张相识七百多年后的乾宁四年（897），唐代倒数第二位皇帝昭宗下令为刘备重建蜀先主祠。此祠始建于隋代，即今涿州三义宫前身。后来为纪念刘关张结拜而修的三义庙遍布天下，应以此处为最。庙中关公塑像是元代高手刘元所做，通高六尺，精神凛然，见者无不称奇，不过现有建筑、雕塑几乎都是近年才复建的。

昆弟兄弟

历史上刘关张三人真的结为兄弟吗？《三国志》只是说：

先主与二人寝则同床，恩若兄弟。而稠人广众，侍立终日，随先主周旋，不避艰险。

意思是关羽、张飞对刘备非常恭谨，吃饭的时候一块吃，睡觉的时候一起睡，在有很多人的正式场合两人都不坐，而是侍立在刘备身后。三人转战四处，患难与共。没有提到是否结拜。

说到结拜兄弟，先秦两汉时期即已出现，左伯桃、羊角哀生死相助的故事就很感人。但是在政治人物之间，所谓异性兄弟往往就变了味道。比如《史记》中多次出现“昆弟”，也就是兄弟的意思，出自战国时期雄辩家张仪之口。他说的是国与国结为昆弟，实际是儿女亲家。从楚王上他的当被秦王扣押的事实看，所谓“昆弟之国”实在靠不住，无信义可言，纵横家的噱头而已。

再谈谈“约为兄弟”。中国历史上两起著名的结为兄弟事件都与刘备的老祖宗刘邦有关，一次是和霸王项羽，一次是和匈奴单于。西汉建立前一年即公元前203年，楚汉交兵，刘邦的父亲刘太公被项羽扣为人质。为激怒刘邦，项羽扬言烹杀其父。刘邦回了一段著名的话：

> 吾与项羽俱北面受命怀王，曰“约为兄弟”。吾翁即若翁，必欲烹尔翁，而幸分我一杯羹！

查遍史籍，并无刘邦与项羽“约为兄弟”的踪影，很可能是他临场发挥出来的“情感”战术。如此“兄弟”，不算也罢。

和单于结拜相对复杂。西汉建立之初，匈奴经常侵扰。刘邦与之和亲，并且与单于约为兄弟。但是，还是拦不住匈奴屡次犯境。汉代和亲此后还有多次，包括著名的昭君出塞，让宫女王昭君冒充公主。皇帝舍不得把女儿远嫁异邦，匈奴在长安也没有卧底，不能准确获知对方到底有几个公主，这事就这么成了。双方关系也就不再是兄弟，而变成了甥舅。单于成了皇帝的外甥，汉方认为自己占了便宜。实际上，这不过只是草原游牧部落用自己民族特有的联盟方式来加深与中原汉族的关系而已。

这样看来，“约为兄弟”应该更像匈奴这样游牧民族的特点。游牧民族居住比较分散，否则不足以放牧牛羊，而且流动性很大。中原汉族地区，农耕社会，男耕女织，能获得持续性的生活保障，世世代代守着一个地方。游牧民族就做不到，所以人口不兴旺。为了生存，就要扩大交往关系，结成部落联盟。办法很简单，男人和男人直接“约为兄弟”。总的来说，先秦、两汉时期，无论“昆弟”还是“兄弟”，名不副实的成分太多，忠诚守信的记录太少。

东汉末年，天下大乱。由于战争，很多人必须离开家乡和宗族远走他处。也许是仿照刘邦，民间开始有约为兄弟的做法。比如《三国志·先主传》记载，刘备称公孙瓒为兄；吕布传记则称，吕布称刘备为弟。不过全始全终的，还是刘备、关羽和张飞。刘关张三人才算得上真正的“昆弟”“兄弟”。在这一点上，刘备远远超过了老祖宗刘邦。

另有说法称，刘备为让关张死心塌地追随自己，动员他们互杀家小以断退路。并认为这才是桃园结义的真历史，足以颠覆对刘关张定评云云，依据是1967年出土的明代成化说唱词话“花关索出身传”四种。其实该词话与其说讲的是汉代，不如说是元代；与其说是三国历史故事，不如说是蒙古族说唱艺术；与其归入小说系统，不如归入史诗系统。所谓“颠覆”，无视背景，纯属乌龙。

桃园誓词

说到这里，有一个问题必须澄清。现在有很多人也经常结拜兄弟，只要哥儿几个同生死、共富贵就行了。其中缺少“桃园三结义”被后世艳羡的重要条件，就是要有一个大目标。刘关张结义是为恢复汉室，《三国演义》虚构的桃园誓词中有八个字：上报国家，下安黎庶。刘备、关羽、张飞不但为此走到一起，也先后为此献身。第一个死的就是关羽。他北伐曹魏，在就要实现理想的时候遭孙吴偷袭，不屈而死。刘关张绝不是为哥儿几个自己吃好穿好过好，或者因小集团利益无所不为。这两种“兄弟”之间差别太大了。

关羽遇害，刘备亲提倾国之兵讨伐孙权，结果惨败。蜀汉元气大伤，自己郁郁而终。此前，张飞因关羽之死悲痛欲绝，“不恤小人”的缺点发作，被部将刺杀。“冲冠一怒为红颜”，古今中外男人为女人兴兵打仗的例子很多，为兄弟报仇而以皇帝之尊亲自出征的很少。《三国演义》第八十一回依据裴注本所引赵云传记《云别传》，借赵云与刘备之口有一段耐人寻味的话：

云曰：“汉贼之仇，公也；兄弟之仇，私也。愿以天下为重。”

先主答曰：“朕不为弟报仇，虽有万里江山，何足为贵？”遂不听赵云之谏，下令起兵伐吴。

现在看刘关张生平事迹，青年时可称贫贱之交，都不是富豪或公子，就是平常人。三人遭遇风云际会，结成生死之交，为一个远大的理想和目标奋斗。中间颠沛流离，几分几合，到最后天下三分有其一，完全不必东征西讨——都是五六十岁了，古人寿命又不长。很多割据者就是持盈保泰，维持一两代安稳足矣！而他们却为年轻时的理想和友谊相继付出生命甚至江山的代价，达到朋友、知己的最高境界，也是中国历史上绝无仅有的一例。因此三兄弟成为文学作品讴歌的正面形象，千百年来一直让世人感慨不已。

民国小学生旅行楼桑庙合影（涿州三义宫关公殿前，涿州博物馆提供）

元代《新刊全相三国志平话》插画：过五关
却说关公与二嫂往南而进太行山投荆州去，唯关公独自将领甘、梅*二夫人，过千山万水。【*今作糜】

第二讲

美髯公关羽

《三国志》有一个细节让人们领略到关羽非常重要的特征，那就是“羽美须髯”。可是大家熟知的红脸膛、卧蚕眉、丹凤眼又是怎么来的呢？其实关公相貌的形成过程，已经暗示或者蕴藏他之所以成为传统道德体系最大符号的奥秘。

元代《新刊全相三国志平话》插画：拜上将

皇叔恩封五虎将军，唯不见爱弟关公。使心腹人赐金珠，赴荆州封关公寿亭侯。使命到荆州见了，关公谢了皇叔，管待来使。言：“马超英勇，猿臂善射，无人可当。”

美髯公与“锦马超”

之所以《三国志》特别提到关羽的须髯，是因为他听说马超归顺刘备，便写信询问诸葛亮情况。诸葛亮答复道：“马超比不上美髯公您呀！”关羽非常得意。有人说，隔着几千里和马超计较，是不是争功，算不算骄傲自大？而如果深入了解这段历史的话，此举可能另有深意。

马超是名将马援之后，被封都亭侯、偏将军，骁勇善战，人称“锦马超”，风采可想而知；并且麾下兵将众多，比如后来被关羽擒获的庞德就是其旧部。据记载归降后马超略有托大，在宴会上直呼主公名字。尽管刘备当时没有在乎，可想而知关羽听说肯定认为不妥，才去信问罪。众所周知，蜀汉有“五虎上将”，就是关羽、张飞、马超、黄忠和赵云。《三国志》为这五人立有传记，题目就叫《关张马黄赵传》。其中马超来得最晚，却超越资格老得多的赵云和年纪大得多的黄忠成为第三号上将。建安二十四年（219）刘备自称汉中王。文武百官上书拥戴，马超居首，在诸葛亮、关羽、张飞之上！对此关羽可能有过疑惑。毕竟他一直镇守荆州，与马超素昧平生。估计刘备这样厚待马超是出于统战考虑，借重马家军在西北、西南各地的号召力，给世人以求贤若渴、海纳百川的形象。

闲话叙过，还是回到关羽的相貌。《三国志》记载，吕蒙偷袭荆州，把于禁送回曹营。此时曹操已死，曹丕命画家在埋葬他的高陵享殿内作一幅壁画，情景就是庞德在关羽面前不屈，于禁乞活。于禁奉命去看此画，羞愧而死。这一幅画像如果能够流传下来，估计是关羽最早的画像。

髯长二尺，须分五绺

据说，关公髯长一尺八寸。古代相术家认为，胡须是男子意志、性格及体质的外在体现，可据以测断荣衰休咎。比如宋代文人黄庭坚的说法是“髯多而疏秀者贵”。元杂剧《诸葛亮博望烧屯》有形容关公相貌的一段唱词：

生的高耸耸俊莺鼻，长挽挽卧蚕眉，红馥馥双脸胭脂般赤，黑真真三柳美髯垂。

关汉卿名剧《关大王单刀会》竭力铺叙关公相貌的神威勇猛，其剧作在元明间影响巨大，也自然为《三国演义》所用。杂剧唱词是：

上阵处三绺美须飘，把七尺虎躯摇，五百个爪关西簇捧定个活神道，敌军见了唬得七魄散五魂消。

他圆睁开丹凤眸。轻舒出捉将手。那神道他将那卧蚕眉紧皱。登时敢五蕴山烈火难收。

小将是黄文，特来请关公。髯长一尺八，面如挣枣红。青龙偃月刀，九九八十斤。

其实元杂剧挂的髯口也就是“三绺”，后来才有了“五绺”和“满髯”，据说“五绺”为关公专用。这一标准造型也被戏曲、绘画、雕塑等沿袭。至今日本电子游戏《三国志》的关公形象仍然很强调胡须。

最早把关公相貌特征总结描述出来的是元杂剧，一再提到怒目一睁、卧蚕眉、丹凤眼……什么叫丹凤眼、卧蚕眉？明代万历年间王圻与其儿子王思义撰写的《三才图会》，是以木刻插图为主的百科全书，诠释从古到今各种事物。书中专门解释说这两种都是大吉大利之相。所谓丹凤眼就是眼形细长，好像凤凰一样；卧蚕眉，就是眉毛形如卧蚕。该书解释分别是：

凤眼波长贵自成，影光秀气又神清。聪明智慧功名遂，拔萃超群压众英。

眉弯带秀心中巧，宛转机关甚可人。早岁鳌头宜可占，雁行犹恐弗相亲。

宋代荆州城隍庙遗址出土关公像

目前尚存的最早一尊关公塑像是北宋时期的，2005年在湖北荆州城隍庙遗址出土。塑像两眉高挑，两眼向上，依稀已经是丹凤眼、卧蚕眉。另外胡须也是很明显的一个特征，确为三绺。可惜色彩已褪，不知道是否“面如重枣”。总之，这时赋予关公的相貌已具有后世一些基本特征。

宋金之际西北还有西夏。当年金代平阳府（今临汾）的版画非常有名，人称平水刻。宣统元年（1909），俄罗斯探险家柯兹洛夫从内蒙古额济纳旗黑水城佛塔盗走一幅平水刻版画，这是现存最早关公画像，今在圣彼得堡冬宫博物院。画中的他英气勃发，所谓不怒自威，

金代版画《义勇武安王位》

唯一的遗憾还是没有涉及脸色是否紫红。尤其值得注意的是，此像是在一个少数民族政权（金）统治下刻印，因一个少数民族政权（蒙古）打击而封存，在一个少数民族政权（西夏）古城里面发现。西夏被蒙古所灭，整个民族神秘消失，史料遗存甚少，是否存在关公信仰情况不详。已知西夏存在佛教密宗毗沙门天王信仰，这与关公信仰有流变关系。

红表忠勇、黑表威猛、白表奸邪

那么“红脸关公”和“面如重枣”到底是怎么回事呢？关公的脸什么时候变红的，就跟曹操的脸什么时候变白的一样，都是中国历史发展过程的产物。北宋的记载称，当时演戏，给木偶、皮影脸上涂颜色，带有鲜明的道德评判意味。红脸是对道德品质的肯定和概括，后来发展到“红表忠勇”比如关公，“黑表威猛”比如张飞，“白表奸邪”比如曹操。京剧的净行有一个分支叫红净，对应的角色只有一个，即关公。

明代宣德年间宫廷画家商喜绘有《关羽擒将图》，关公是大红脸，丹凤眼，卧蚕眉，长胡须，戴幞头，着绿袍，画的就是当年曹丕让于禁看的情形。画中被绑住的人是庞德，誓死不屈；而且脸朝着外头，估计画面之外就是于禁跪求。画像现藏北京故宫，约高2.4米，宽4.67米。这么大的尺寸可能是壁画底稿，可见关公的红脸在明代早期已经形成。

红脸还有第二层意思，就是关公在明代成为方位神。什么叫方位神？古人说东西南北各有四种神兽，所谓南方朱雀、北方玄武、东方青龙，西方白虎，其颜色分别是红、黑、青、白，对应五行中的火、水、木、金。明代嘉靖帝把关公定为南方神，又叫赤火神。南方按五行说法属火，反映到脸色上就是红的。

奇人异相的奥秘

到了清代，关公信仰更加普及，雍正、乾隆年间又上层楼，程度无以复加。康熙帝有一子允礼，封为果亲王。此人善画，绘有一幅关公像。画中除丹凤眼、卧蚕眉之外，鼻子两边还点了痣，一共有七颗。为什么要点痣？当然，这和今天女士化妆的“美人痣”不是一个性

清代果亲王允礼绘关帝像

质。实际上，七颗痣象征北斗七星。这和古代相术有关系，所谓贵人自有异相，一定和平常人长得不一样；即使长得一样，也要给脸上添上不一样的东西。戏曲里的关公脸谱，卧蚕眉画得非常之饱满，而为扮成丹凤眼，要用缠头的方式把演员的眼睛往上吊。除此之外，还要在脸上点几颗痣。到乾隆年间，关公呈现又一种形象也是最高等级的形象，就是洛阳关林金面塑像。有句话叫“不要往脸上贴金”，因为贴金的意思就是成神、成佛。

这样看来，关公的形象前后有几次转变。从他本来美须髯的特征，依次叠加附会成丹凤眼、卧蚕眉，面如重枣，同时也是地位不断提高的过程。上述每次相貌的形成都经过多个朝代，包括不同少数民族政权，共同凝聚成这么具体、生动而且独特的形象。实际上，这一过程已暗示或者蕴藏他成为传统道德体系最大符号的奥秘。

元代《新刊全相三国志平话》插画：聚古城
弟兄三人相会。先主两手加额言："若非天然聚会，怎想今日得大将赵云。赵云兵三千，通有五千军。"三人大喜，每日设宴，名曰"古城聚义"。

第三讲 汉寿亭侯关羽

在关羽生平史实和传说的故事中，其和曹操交集的精彩程度不亚于和刘备：降汉不降曹、斩颜良文丑、秉烛夜读、挂印封金、千里走单骑……汉寿亭侯这一爵位就是曹操表封的。这些史实和故事对关公形象的演变起过哪些作用呢？

元代《新刊全相三国志平话》插画：浸下邳
斩了吕布，安了下邳。曹操深爱降将张辽，刘备、关羽、张飞。丞相每日与玄德携手饮酒，有意待用先主扶佐之心。

身在曹营心在汉

刘关张三人走到一起，开始创业。实话实说，早年的刘备是一个倒霉蛋，势单力薄，地位低下，还有就是毕竟缺少得力谋士，有点“跟着感觉走”的意思，所以一直不太顺利。不过中间出现一个很大的转机，身份大幅提高，这就是所谓陶谦“三让徐州”。在此之后刘备一跃成为豫州牧、徐州牧，俨然一方诸侯。

尽管得到徐州，刘备也没有实力守，最后被曹操打跑，驻守在徐州旁边小城下邳的关羽被俘获。尽管曹操厚待自己，关羽内心深表感激，但还是要寻找刘备。随后曹操和袁绍开战，袁部大将颜良被关羽所杀。曹操上报汉廷，封其为汉寿亭侯。不久关羽听说刘备下落，立刻辞曹前往。《三国志》把关羽报效曹操誉为“国士之风”，《三国演义》则将其改写为“土山约三事，降汉不降曹”、“斩颜良、诛文丑”、“夜读《春秋》、挂印封金”以及“千里走单骑、五关斩六将”等脍炙人口的故事。

根据裴注本，刘备、关羽初次见曹操是在对方老家沛县，一起募兵讨伐董卓，算是识于草莽的战友。元代《三国志平话》插图画有三人并排骑马即刘备、关羽随曹操征吕布，这是他们的“蜜月期”。许昌“春秋楼”传说是当年曹操分给关羽的府第，以前方志说这叫“关公宅”，明代以后把它修成关庙。元杂剧还讲到，曹操不但送来吕布坐骑赤兔马，还有爱妾大美女貂蝉，这出戏叫《关大王月夜斩貂蝉》。

民国直隶宁河年画《曹操赠美女》

至于关羽辞曹，古人认为这真正体现儒家圣贤所谓“富贵于我如浮云”。为什么呢？撇开曹操与刘备实力对比不论，单就汉寿亭侯这一爵位而言就能说明问题。建安元年（196），刘备投奔曹操，被封为镇东将军、宜城亭侯。建安五年（200），关羽归顺曹操，先后被封为偏将军、汉寿亭侯。就爵位而言，关羽与刘备是平级，曹操四年前承袭的也不过是其祖、父的费亭侯。两个月前因迎汉帝有功，受封武平侯（县侯）。关羽辞谢曹丞相赏识，放弃在曹营发展前途，投奔仍然栖栖惶惶的刘备，是继万马军中刺颜良之后又一见于史书的惊人之举。况且据说他临走前把侯印挂在堂上，把曹操送的所有钱都给封起来了，就是“挂印封金”。能做到这一点的还真的很少，不信看看能否找到第二个类似事例？如果有，一定在关羽之后。二人之间这段佳话载于《三国志》：

及羽杀颜良，曹公知其必去，重加赏赐。羽尽封其所赐，拜书告辞，而奔先主于袁军。左右欲追之，曹公曰："彼各为其主，勿追也。"

有人说关羽辞曹并非为兄弟大义，而是因为自己看上的女子（吕布部将之妻）被曹操抢去。如果细论此事，首先刘备集团对剿灭吕布有功，关羽提出的不是非分之请。该部将（秦宜禄）当时在袁术处，也已另娶；其次，曹操失信在先，关羽没有过错。关羽确有杀曹之心，被刘备拦下；再次，曹操对关羽有夺"妻"逐主之仇，也有不杀和厚待之恩。关羽恩仇分明，来去明白。古今降将不知凡几，能做到者并不多。

委曲求全，守经从权

必须说明的是，"土山约三事""灞桥挑袍""过五关斩六将"这些都是后世虚构的。这要从元代说起。当时关公信仰已非常普及，而且汉民族主义情绪开始被极大提升起来，也开始被强调忠节观念。就是说，既要忠，还要守节。面对强敌，大势已去时要以身殉职。在金灭宋过程中，宋将望风而逃、放弃抵抗的事例太多了。如果军民都能顽强作战，那么可能又是另外一种情况。而关羽被孙吴偷袭后宁死不屈，大节没有问题。问题在于他此前被曹操俘虏过，这一段应该怎么看？是"屈膝变节"，还是"忍辱负重"？

为此从元代开始，就有人伪造关公的文书，所谓《答曹操书》

《答张辽书》，表明忠贞不贰的心迹。另外还有人从史实上做文章。那就是刘备夫人也被曹操俘虏，后来回到刘备身边，才有了刘禅和小说描写的赵云“长坂坡救阿斗”。于是就有这样的推理：为什么关公接受曹操招降？是保护嫂嫂。如果自己死了或者跑了，嫂嫂怎么办？这跟“桃园三结义”兄弟情义一脉相承。因为维护嫂嫂，只有委曲求全。

委曲求全这个词，总是带有贬损或者克制自己的意思。但是就关公的做法而言，还要用到古时更有名的一句话，就是孟子说的“守经从权”。什么叫“守经”？就是原则是要坚守的；“从权”，就是要看到现在的形势，相应可以做一些后退和让步，不是一味墨守成规。儒家主张“男女授受不亲”，成年男女之间不能接触，更不能拉手。那么孟子说：嫂子掉进河里，作为兄弟的该不该伸手把她拉起来？如果不伸手，嫂子就淹死了；如果伸出手，就违背原则了。孟子在这里发挥雄辩，人们从中悟出“守经从权”的道理，就是说平常不能拉手，危急时候应该伸手，不能见死不救。孟子是仅次于孔子的儒家圣贤，其权威不容置疑。后人据此得到启发，做出“合理想象”，虚构关公降曹前“土山约三事”的情节。

别有深意的误读

判断关羽在曹刘之间的选择还有一个必须考虑的因素，那就是汉帝在曹操手里，这可比刘备夫人重要得多。因此曹操具有相当的合法性，这与孙权的情况完全不同。此外，关羽归曹、辞曹的经历对其日

洛阳关林明代“汉寿亭”残碑

后成为武圣—军神不无作用。军人只要作战就无法回避战俘问题，关羽在曹营的一系列表现正好给出参照。

为给关羽“身在曹营心在汉”作证，后人还苦心发挥，从器物上做文章。曹操给关羽表封爵位“汉寿亭侯”，有人觉得里面的“汉”字可以光明正大地成为“降汉不降曹”的标志性理由。所以尽管早有学者指出：“亭侯”是汉代列侯爵位倒数第二级（高于关内侯，低于乡侯和县侯），前边应冠以亭（汉代行政区划单位，低于县，略小于乡）名“汉寿”而不是“汉”。但从宋到明，各地不断发掘出来“寿亭侯”印，都说是关公生前用过的。其实显然是后人假造的。甚至明初所建国家祀典关庙也叫寿亭侯庙，一百多年后才纠正。把“汉”字认作汉代是一种“误读”，但这是别有深意的误读，不是一般的认为

清代关帝诗竹碑拓片（绘有汉寿亭侯之印）

是懵懂或者是疏忽马虎写错的那种误读，值得好好体味。

“灞桥挑袍”是《三国演义》第二十七回制造的关曹恩怨小高潮。曹操追到城外灞桥送行，见关公去意已决，送了一副新袍算是临别赠礼。这种交情，这个时候，不要不好。关公为防万一，用刀把袍接过来。至于金银路费，坚决不要。此后就走上了漫漫寻兄路，也就是“千里走单骑”。汉代长安有个灞陵，因汉文帝霸陵毗邻灞河而得名，是郊外通常为人送行的地方，有一句很有名的词叫“灞陵柳色，连年伤别”。说书人不知道，把它安到许昌城外。这种误会后来反而促成许昌郊外八里桥改名灞陵桥，而且现在仍然有一座修复完整的关帝庙，其中供奉曹操，是关庙仅有一例。在《三国演义》里，双方再次见面已是第五十回虚构的华容道的故事，即关曹交集最高潮。

南辕北辙过五关

“千里走单骑”完全是杜撰的故事。为什么？因为《三国演义》所写关公走的方向完全不对。从地图上就能发现，既然从许昌出发，刘备当时在河南南部，而书中列举的五关与他所在方向却是反着的。这么紧急，怎么还毫无意义地兜圈子？为什么会造成这种情况？其中出现地理知识错误。如果从西安出发，“过五关”的设计大体上倒还合理。但是许昌本身就在河南中部，何必绕到陕西再回河南？

再说五关。比如说“东岭关”在河南登封，就是著名的少林寺所在地东南三十五公里处，从许昌到洛阳的路上。《三国演义》中说，关公从许昌出发第一站是东岭关，那就是没有直奔南边，反而向西走了。然后又从东岭关再往西北，拐了90°的大弯，到了“泗水关”。泗水关，实际是河南和陕西比较接近的地方，也就是三国另外一个有名的故事“虎牢关三英战吕布”发生地。虎牢关和泗水关，是一个地方两个名字。这样的路线，如果不是有意做战略迂回的话，那就是空绕弯子，毫无意义。接下来又去了荥阳，就是现在郑州的南边，等于改向东走了，就是不去刘备当时所在的南边。

过五关的路线并不符合历史上关羽急于投奔刘备的心理，反而做了一些莫名其妙的无用功，但是仍然给人印象深刻。可能因为故事突出这样一种险境：千里走单骑，“前有阻挡，后有追兵”，既没有助手，又没有谋士，护送着手无缚鸡之力的嫂嫂，全凭自己坚持和奋斗。这样看来，如此写法反倒强化关公抱有桃园兄弟深厚感情和兴复汉室坚定信念的艺术形象。

说书人可能水平有限，但对传播历史文化特别是伦理道德很重要。他们多是科举失利的儒生，其原有价值观念、艺术素养和民间文学相融合，把儒家思想注入百姓喜闻乐见的故事，影响大众生活。说书源自唐代，起因是佛家为抗衡儒、道采取本土化策略，通过向信众宣讲中国历史人物故事推广教义。晚唐遭遇“灭佛”法难，更是必须争取下层民众以求立足，故而从理论到实践都有丰富的经验。比较两宋说书人，南宋演史者文化素养和舞台技巧已有极大提高。北宋以短篇说话为主，南宋则出现数天、十数天到数十天的连续长篇讲史演义，欲言又止，起伏跌宕；插科打诨，现场发挥。总而言之，千方百计调动听众情绪。

北宋说话衍生出“平话小说”，南宋讲史衍生出“通俗演义”。那么二者有什么区别呢？今天的人们，无论大众还是学者都没有真正考虑过这个问题。区别在于有无“义”字作为主旨贯穿始终。何谓“演义”？“演”的是“义”，所谓“讲论只凭三寸舌，秤评天下浅与深”“讲历代年载兴废，记英雄岁月文武”。“讲”即“演”，“秤评”即“义”；“英雄”一语含有明晰价值判断，“兴废”二字标示历史演进因果链环。“演义”是“平话”的发展，凡冠有“演义”二字的文学作品无不以理学判断为其价值主干。因此，“演义”成为贯通上层文士“精英文化”和乡风民俗“通俗文化”，也即“大传统”和“小传统”的桥梁或纽带，和对象是否身系“游民”、地处“江湖”毫无关系。《三国演义》是“演义”体小说中最成功的一部，“言不甚深，意不甚俗”，对构建中国人的精神世界起到重大作用，影响远播东亚乃至海外，绝非偶然。

元代《新刊全相三国志平话》插画：斩庞德
曹操使一元帅庞德、佐二*官于禁，引十七万军，名曰七军，每一队二万五千。关公斩庞德于马下，魏军大败。【*即贰】

第四讲
前关平后周仓

无论绘画、雕塑还是戏剧，关公旁边总有两个人，一个叫关平，一个叫周仓。关平，面白无须，手里捧印，也就是汉寿亭侯印；周仓，黑面虬髯，手里擎刀，也就是青龙偃月刀。他们仨构成一种黄金组合，而这是信仰流变的结果。

元代《新刊全相三国志平话》插画：单刀会
关公大怒，捽住鲁肃。关公言曰：“贼将无事作宴，名曰‘单刀会’，令军人奏乐不鸣。尔言羽不鸣，今日交镜先破！”鲁肃伏地言道：“不敢。”

关平何来

关公、关平、周仓，这个组合的形成，经过长期、复杂、曲折的过程。看过《三国志》的人都知道，无论关羽还是马忠、潘璋的传记，都是说关羽和关平父子同在临沮（今湖北远安）遇难，关平是关羽之子无疑，但也仅此而已。《三国演义》第二十八回这样介绍关平来历：

> 关定领二子拜于草堂之前。玄德问其姓名。关公曰："此人与弟同姓，有二子：长子关宁，学文；次子关平，学武。"关定曰："今愚意欲遣次子跟随关将军，未识肯容纳否？"玄德曰："年几何矣？"定曰："十八岁矣。"玄德曰："既蒙长者厚意，吾弟尚未有子，今即以贤郎为子，若何？"关定大喜，便命关平拜关公为父，呼玄德为伯父。

那么，关平到底是关公的亲儿子，还是干儿子？要解答这个问题，就要回到早期关公像。如金代版画《义勇武安王位》，里面有疑似关平和周仓的两个人。疑似关平者很像关平的那位虽然留着胡子，身上挎着弓箭，手里似乎也捧着印。不过如果仔细看一下就会发现不是捧印而是做手势，叫作叉手，就是两个手合着，一个手指伸出来。这是古代的一种礼节，看《水浒传》就知道北宋流行"叉手唱喏"，相当于今天的作揖。

敦煌壁画中的毗沙门天王像

金代关公像疑似关平者的动作，反映的是信仰流变过程中的一个阶段。这就需要追踪观察，对比鉴别。敦煌壁画里面的毗沙门天王图，一手拿着戟，一手托着塔的是天王；旁边有他的二儿子，名叫二郎独健，是几个儿子里面最有法力的一个。这位二郎独健，他的相貌和手势极像金代画像中疑似关平者。

到现在，关平身世之谜就要搞清楚了。长话短说，从盛唐到唐末，佛教密宗毗沙门天王信仰在中国非常盛行，天王成为唐代军神和财神。后来这一信仰衰落乃至失传，而关公信仰直接继承天王信仰。换句话说，天王的法力都到了关公身上，自然他的儿子二郎独健也应该过继给关公，对不对？《三国演义》把关平说成关公的干儿子而且原本行二，就是这一流变的曲折反映。正因为外来神灵加入，使得关羽、关平的嫡亲关系发生了偏转。既然二郎独健取代关平的地位，后世民间把关平当成关公“义子”的说法就一直没有歇绝。野史杂谈之中常有信史秘闻遗存，从古至今屡试不爽，关平身世就是例证。

还有一件事可讲，就是宋代除了关公有皇帝颁赐的封号，关平也单独有封号。为什么？从儒家来说，如果不仅父亲殉国，儿子也殉国，那么后者尤其是忠孝两全的榜样，后世传为美谈。正因为如此，关平这个形象，无论是佛教寺庙、道教观堂或者儒家供奉都跟着其父关公，形影不离。

关氏子孙

既然说到关平，那就谈一谈关羽的后代子孙。据裴注本介绍：关羽水淹七军，杀了庞德。庞德的儿子庞会跟随邓艾灭蜀，为报仇杀了关羽全家。因此很多人认为关家是被灭过门的，不可能有什么后代。但是从另一方面看，自称关公子孙的大有人在。清代荆州地方志记载，关公兵败时关平之妻携子关樾逃难乡间，改姓为门，入晋后恢复本姓。其系一直居于荆州，到清雍正年间承袭五经博士，主持关庙祀典。附此以资参考。

近的不说，现在发现最早自称关公后人的碑刻出现在唐代天宝元年（742）。此人名为关楚徵，碑文称其祖先是蜀将关羽。其后，又有宰相关播被称为关公子孙。到了五代，后唐明宗有一个妃子关氏，其母墓志铭里也说她是云长后人。需要注意的是，上述碑刻都是在关公信仰没有普及以前的事。在唐代说自己是关公后人，不会像明清崇信关公时期能得到官府各类优惠政策，至少沾个光，完全没有可能。但有人就说自己是，这种现象就值得推敲。后世也不要轻易根据《三国志》里面一句注解把它看成是定而不可移的结论。因为社会生活处于流动的状态，可能有很多东西不是一两个史官能够在当时信息条件下做出结论的。

周仓前生

至于周仓，《三国志》只字未提。《三国演义》第二十八回中，周仓是在“千里走单骑”尾声出场的：

> 关公乃立马待之。果见一人，黑面长身，持枪乘马，引众而至；见了关公，惊喜曰：“此关将军也！”疾忙下马，俯伏道傍曰：“周仓参拜。”关公曰：“壮士何处曾识关某来？”仓曰：“旧随黄巾张宝时，曾识尊颜；恨失身贼党，不得相随。今日幸得拜见。愿将军不弃，收为步卒，早晚执鞭随镫，死亦甘心！”

从文献来看，最早完整出现周仓名字是在元末，今天浙江和江西交界处有一个县叫开化，当地关庙祭文提到周仓。周仓完全是江南的神。南宋时期浙江钱塘江地区崇尚一个神叫周将军，名叫周雄，是江南地方神五显神从神。据研究者考证，周雄生前并无道德义行，而朱元璋建立的神道体系特别看重义行，因此官方认为周将军信仰是淫祀，准备取缔。当地信众情急之下，借鉴南宋苏州孝子周容大受推崇的经验，又挪用元代浙江新城孝子周德骥事迹，把周雄塑造为孝子，称他愿以自己生命换取慈亲康健，又称其在探母路上溺水淹死。周将军信仰在具备上述义行后非但未遭打击，反而发扬壮大，周将军还进一步成为钱塘江水神。为什么周雄、周孝子、周将军会跑到关公、关将军、关王爷这个信仰系统里面来？应该有两个很基本的原因。一是从宋元以来，关公信仰从北方开始往南方传播。如果完全是外来的神，在当地总是缺乏基础，所以就和本土的神结合。于是周仓应运而生，而且保留周将军作为水神的遗迹，那就是在《三国演义》中周仓水性很好，在水淹七军时驾船撞翻魏军舟楫，生擒悍将庞德。

二是后世对周仓这个人物重新诠释，赋予完全不同于周雄的重大话语意义。那就是《三国志》鲁肃传记里一个大故事里面的小细节。大故事，说的是刘备、孙权之间的"借荆州"；小细节，说的是在双方谈判荆州归属，气氛紧张之时旁有一人大发议论。他到底是关羽的人还是鲁肃的人，正史没有交代。元杂剧《单刀会》有周仓一段宾白：

> 关公赴单刀会，我也走一遭去。志气凌云贯（钞本作'掼'）九霄，周仓今日逞英豪。人人开弓并蹬弩，个个贯甲与披袍。旌旗闪闪龙蛇动，恶战英雄胆气高。假饶鲁肃千条计，怎胜关公这口刀！赴单刀会走一遭去也。

《三国演义》第六十六回明确把《三国志》中发议论者写成周仓——

> 云长未及回答，周仓在阶下厉声言曰："天下土地，惟有德者居之。岂独是汝东吴当有耶！"云长变色而起，夺周仓所捧大刀，立于庭中，目视周仓而叱曰："此国家之事，汝何敢多言！可速去！"仓会意，先到岸口，把红旗一招。关平船如箭发，奔过江东来。

以作者想象，周仓是关公贴身侍从，即使主人单刀赴会，他跟在身边也是很合适的。此前，民间艺人已经有意识地给关公配了一个贴身侍从。元末《三国志平话》是带插图的，单刀会画的是关公一把揪住鲁肃，识破机关，身后有一个拿刀牵马而且虬髯的随从，这可能就是周仓最早的原型。

遵化罗文峪明代长城关庙周仓塑像（中）（选自 *The Great Wall of China*《中国长城》，1909）

怒斩关平

说来也怪，尽管关平是关公的儿子（无论亲的还是干的），但实际上最重要的组合是关公和周仓。

在很多民间绘画中，无论是戏曲甚至雕塑里边，都是周仓跟着关公，而不是关平，其中可能也有些道理。过去的关公戏，他本人动作很小，其他角色却都必须很卖力地去演。比如骑马，关公只是端着个架子，而如何表现马的疾驰，跋山涉水的艰苦是靠马童翻跟头。跟头翻得越厉害，说明路越危险，关公不用费那个劲。用戏剧行话说，他的“架子”太大了，不用做也不能做这种小事。演武打，甭管来多少个将，关公把大刀拿起来一比画，敌方全躺倒，没人会真正厮杀一下。这样一来，周仓就成了很重要的角色，随时扛刀，代行职权，有比较多的戏份。在民间传说里面，关老爷如果惩罚恶人是不用亲自出手的，有周仓就行了。在惩恶扬善方面，周仓成为关公主要助手。至于这是否与关平“前身”是印度来的二郎神独健有关，人们觉得还是土生土长的神灵“周将军”更亲切，就不得而知了。

说起民间心目中关平与关公的关系，不妨谈到元杂剧《怒斩关平》。此剧大意为：关公作寿，孔明、张飞、赵云、黄忠等到荆州庆贺。正欲返回西川，江夏张虎、张彪二寇作乱。孔明遂派五虎上将之子关平、张苞、赵冲、马忠、黄越迎敌。小五虎获胜，生擒二张。驰马回营报功途中，关平战马踏死平民王荣之子。王荣来荆州告状，州官不敢受理。王荣正欲自尽，幸遇关公马夫指点，到元帅府击鼓喊冤。关公大义灭亲欲斩关平，赵云等求情被驳回。张飞赶来欲与赵云等各斩其子，使小五虎将同死。王荣见状情愿息讼撤诉，关公乃释关平。姜维前来宣诏，赐王荣黄金百两，免本处差役。这也是告诫有功将帅应当约束子女部下，表现出浓重的民间立场，虽曰“演古”实为“证今”。

后来形成的关家三人组合是关公红脸，关平白脸，周仓黑脸。这个组合既保持着像关平这种忠孝两全，追随父亲直到战死的值得称赞的典型；也有像周仓这种没有任何血缘关系，但也能够成为忠实的随从、助手，甚至独立判断善恶、执行赏罚，成为关公的代表。这一组合的出现，再合适不过地说明关公信仰与其他信仰之间微妙的流变关系。

明代《三教搜神源流大全》插画：关羽、关平、周仓

元代《新刊全相三国志平话》插画：战吕布
张飞与吕布交战二十合，不分胜败。关公忿怒，纵马轮刀，二将战吕布。先主不忍，使双股剑三骑战。吕布大败，走西北上虎牢关。

第五讲 上青龙下赤兔

人们印象中与关公密不可分的还有一个黄金工具组合，那就是青龙刀和赤兔马。请注意其中颜色搭配：正如他身边的白脸关平、黑脸周仓一样，青龙刀和赤兔马也是彼此色彩反差很大的，构成一幅极具中国民间特色和韵味的画卷。

元代《新刊全相三国志平话》插画：刺颜良
见十万军围绕营寨，云长单马持刀奔寨。见颜良寨中不做疑阻，一刀砍颜良头落地，用刀尖挑颜良头。复出寨，却还本营。

兵器变迁

关羽使用什么兵器？熟读《三国演义》的人深信不疑——这还用说吗？青龙偃月刀，又名“冷艳锯”，重八十二斤。“关公面前耍大刀”，当然是刀了！不过，关羽上阵的最有名的一次战斗就是解白马之围，用《三国志》关羽传记的说法是“策马刺良于万众之中”。刀，尤其是青龙刀这种长柄大刀，特点是砍而不是刺，但史书偏偏用了“刺”字。“好马快刀”是冷兵器时期武人的梦想，好像今天的快速机械化部队。但是三国时代有没有长柄大刀，实际上是大可怀疑的。

中华文明作为独立体系，在古代兵器方面也有一套完整架构，比如戈、戟都是中国创造的。就短兵器而言，最有名的是剑。无论是古代名匠干将、莫邪，还是欧冶子，都是传说中的铸剑大师。武侠小说里写的往往是剑，道士驱邪赶魔用的是桃木剑。那么，刀又是怎么一回事呢？实际上刀，尤其半月形的弯刀，是阿拉伯人或突厥人发明的。刀和剑不一样，刀背越厚，砍削越利。剑则两面都是刃，讲究的是轻灵。用剑和用刀，完全是两个感觉、两种技术。

刀是什么时候传入中国的？应该是在南北朝的北朝，尤其是在西北少数民族与中原长期的交往和冲突过程中逐步传入。在骑兵冲击战中，刀的作用就显示出来了。但是当时是半圆形的短刀，不是长刀。直到唐代，刀并不是中国军队制式装备或者常用兵器。这种情况从什么时候有所改变？宋代。读过《水浒传》的人都知道朴刀。朴刀略像后来长刀的样子，是配在腰间的，而且手里还要拿一根杆棒。杆棒还是空心的，如果需要，把朴刀和杆棒装配起来就变成一把长刀。用武术俗语讲，就是“一寸长、一寸强；一寸短、一寸险”。加长了以后，发力范围也大了。但这时还是没有成为军队正式装备，倒被用在仪仗方面。例证就是北宋《武经总要》的《刀谱》有一种掩月刀。“掩”和“偃”不一样，后者是半圆形的意思。掩月刀有穗子，刀刃上有复杂的花纹，装饰性很强，不是上阵杀敌的利器。

到了南宋，金兵在长江以北与宋军长期相持。金兵拿出一种利器，所谓的“拐子马”：把四匹战马用木头固定在一起，马身披甲，就像

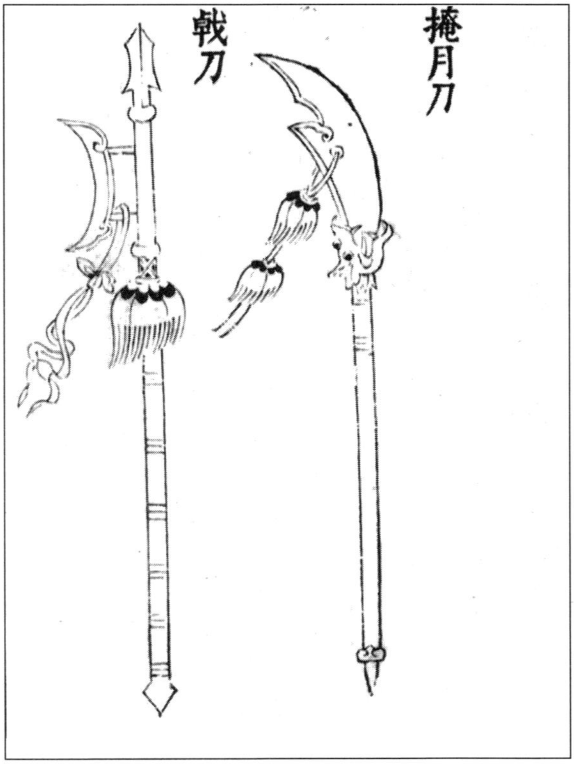

宋代《武经总要》插画：掩月刀

一辆微型装甲车，冲击宋军防御工事。岳飞等人想到的办法就是砍马腿。从那时候开始，军队开始出现使用长柄大刀的训练。宋绍兴十年（1140）顺昌之战，宋将刘锜指挥兵丁用斧或者长刀砍金兵“拐子马”，长刀的优势表现出来。从此，刀作为战术武器在宋军中得到普遍应用。后来发现长柄大刀在骑兵冲锋时也有很大优势，所以直到明代都在使用、发展。

法器关王刀

从现在的资料看，首先提到关庙里面有大刀的是在金代。当时一位很有名的诗人叫元好问，在笔记里面记载山西关庙大刀生芽的奇异事件。人们为了夸大关公神力无穷，勇猛无比，大刀逐渐成为关庙必备的东西，而且越铸越重。不但真正铸近百斤的关刀，最夸张的还有近千斤的巨刀，祭祀时要很多壮汉来抬。明清时期，每年五月十三日北京正阳门关帝庙祭祀，都有商家争着捐刀，就是每年要新铸一把刀，含有斩妖伏魔的特别功能。北宋的掩月刀还没有龙，而青龙偃月刀就和传说中关公是龙的化身有关系了。刀上有龙，倒不是和战事有关。中国传说里面，龙是行雨的。而关云长后来成为祈雨之神。所以百姓求雨时要把带有龙雕的这把偃月刀请出来，大刀已经成为法器。

拿刀的关公像被称为“武关公”，区别于拿书的关公像，那个被称为“文关公”。现在有很多新塑的“武关公”，可能为了表现武勇，有的把刀横在前头，有的把刀横在后头，一副好像马上就要投入战斗的样子。实际上，这并不符合中国传统和关公信仰。应该是两种姿势，一种刀口朝上，叫作保家卫国或降妖伏魔；还有一种刀头朝下，用佛家的话叫作立地成佛。因为关公是道德的象征，不是一个好勇斗狠的武夫。关公戏里面，打仗的时候青龙刀拿起来，一般只是一横，对方就会立刻倒地，从来不用舞花架子——把刀耍的飞舞轮转或者是有很多花哨的方式，不怒自威才是武圣的样子。

人中吕布，马中赤兔

赤兔马又是怎么回事呢？《三国志》提到赤兔马是吕布的，裴注本还引用当时一条谚语叫"马中赤兔，人中吕布"。为什么赤兔马地位这么高，和三国第一名将吕布相提并论？说来话长。据说当年治水的大禹有一匹坐骑叫"飞兔"。马就是马呗，怎么又叫兔呢？赛马的人或放马的人都知道，好马是长着兔头的。什么意思呢？马头不要大，像兔头那样小；跑起来要快，姿态像兔子那样敏捷。那么，赤色的马又有什么讲头呢？唐太宗墓前雕刻的"昭陵六骏"都是名马，其中名字有近于赤色的是飒露紫和什伐赤。再往早说，汉武帝征匈奴，很重要的原因就是求西域的大宛马，又叫"汗血宝马"。据说这种马跑的时候，流的汗跟血的颜色一样。可能正是因为这个传说，赤红色的马和兔子联系在一起，形成"赤兔马"的名号。

后人为之可惜，这么一匹好马，就这样到了反复无常的吕布那里。关羽"匹马刺颜良"，马一定是匹好马。就这样，从元杂剧开始

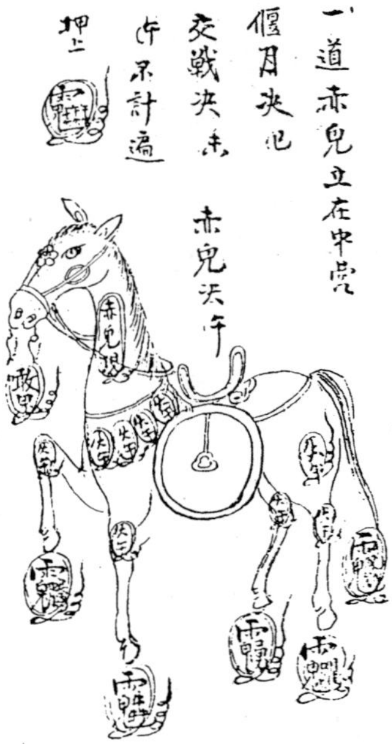

道家典籍所绘赤兔马

就出现曹操为收买关公把赤兔马送给他的故事。蒙古民族是最喜欢马的，而关公信仰大流行恰恰在元代。宝马赠英雄，赠的是真正的英雄。从那时起，赤兔马和关公合为一体。《三国演义》第七十七回特别写道，关公死后，赤兔马不食而死，说明它有一种特别的情意。为什么吕布被杀时它不死？赤兔马也是慧眼识英雄的。

眼观十万里，日赴九千坛

关公成神，赤兔马也不例外。明代笔记有记载，传说山西运城有个于保，被征发到边疆之地云南当兵，非常想家。怎么办呢？当时对逃兵处分特别重。于保就给关老爷托梦，因为他们是老乡嘛，就说自己特别想家，可是云南到山西关山千里，怎么回去呢？关公答应他的请求，让他拽住赤兔马的尾巴，突然腾云，一睁眼到家了，速度之快超过今天的波音飞机。官府发现后问："你在外面服役，没到期怎么就回来了？"于保说："是关老爷把我带回来的！"直到现在，运城关庙里面有于保祠，就是纪念此事的。故事八成出自逃兵不满徭役之苦的编造，但反映出在信众心中，赤兔马不光在作战时所向无敌，而且还是扶危救困的神灵，使很多下层老百姓在苦难中得到神奇的护佑。

清代《关圣帝君宝训像注》插画：关圣勾兔

清代关公信仰普及全国，希望得到护佑的人们不禁起疑："这么多人同时祈求，关老爷怎么分得开身？"这就延伸出另一个神话，即是说关公"眼观十万里，日赴九千坛"。每天要去这么多地方，为这么多信众救苦救难，当然是靠赤兔马。赤兔马简直不是马，而是科幻小说里的时空穿梭器。用《三国演义》第七十七回关公成神地玉泉山关庙对联所展示的形象就是：

赤面秉赤心，骑赤兔追风，驰驱时无忘赤帝；

青灯观青史，仗青龙偃月，隐微处不愧青天。

对联抓住关公形象中的红、青两色，忠心赤胆，脸是红的，骑着一匹红马。"赤帝"指自命"火德"的汉帝；"青灯观青史"，青史指的是《春秋》，还有一把青龙偃月刀。红、青两种色彩，反差非常鲜明。展现在人们心目中的，是一幅极具中国民间特色和韵味的画卷。

可以说，到元代才最终完成关公形象的黄金组合，就是他作为主神，身旁有孝顺儿子关平、忠实助手周仓，还有无坚不摧的利器青龙偃月刀，无往不利的坐骑赤兔嘶风马。这样一种关公形象，才能让老百姓觉得是完整的、配套的，足以完成那么多神功伟绩。

明代《新锲京本校正通俗演义按鉴三国志传》插画：报失荆州
多有人传言吕蒙袭了荆州，关公大喝曰："此疑兵之计也，不听之。吕蒙病危，陆逊孺子不足虑焉！"

第六讲 围樊城走麦城

斩庞德、擒于禁、围樊城，水淹七军，威震华夏，让关羽到达事业顶点。然而随后就遭东吴偷袭，走麦城，死临沮。不但身殉梦碎，北伐大业和蜀汉国运付之东流，还摊上“大意失荆州”的差评。这究竟是怎么一回事呢？

明代《新锲京本校正通俗演义按鉴三国志传》插画：父子被捉

先把关公坐下马绊倒。关公身离雕鞍，已被潘璋部下马忠所获。关平听知父已被擒，火速来救。背后潘、朱精兵皆至，四下围住，孤身独战力尽，父子皆受执。

北伐功败垂成

关羽辞曹，刘关张重新团聚，依旧颠沛流离。不久刘备又败于曹操，在北方无法立足，只好南投刘表。《三国演义》第三十一回虚构了一场兄弟感情戏。众人一路溃逃，直到汉江边才安下营来，情形很是狼狈。

> 土人知是玄德，奉献羊酒，乃聚饮于沙滩之上。玄德叹曰："诸君皆有王佐之才，不幸跟随刘备。备之命窘，累及诸君。今日身无立锥，诚恐有误诸君。君等何不弃备而投明主，以取功名乎？"众皆掩面而哭。云长曰："兄言差矣。昔日高祖与项羽争天下，数败于羽；后九里山一战成功，而开四百年基业。胜负兵家之常，何可自隳其志！"

此后刘备在水乡荆州安顿下来，又得诸葛亮辅佐，总算小有所成。此时已到中年的关羽实现人生转型，从以前的陆战将领转为水战将领，这让他后来能借水战再度成名。然而曹操统一北方后，率大军横扫江南而来。刘备再度逃难，百姓扶老携幼，跟随者竟达十几万之众！这当然是畏惧曹操屠城滥杀的恶名，也是刘备深得民心的最好证明。此事载于《三国志》，写入《三国演义》第四十一回即"刘玄德携民渡江"。

经过几番起落，刘备与孙权联合在赤壁之战中击退曹操，夺得荆州大部。关羽任襄阳太守并“假节钺”，意思是有自行出兵之权。建安二十四年（219），北伐时机似乎到了。这年春天曹营发生很多变故，南阳甚至许昌到处有人造反，同时暗通蜀汉。于是关羽率精兵北伐，围困樊城，利用秋天的大雨“水淹七军”，于禁投降，庞德被杀，战果辉煌，也是最接近于《隆中对》“天下有变，则命一上将将荆州之军以向宛、洛”的时候，用《三国志》关羽传记的话说是“威震华夏”。本来该书对其评价批评多于肯定，但查遍“二十四史”，找不出第二处有这四个字。此时应该是刘备政权与实现复兴大业距离最近的时刻。

当时敌方震动，曹操准备迁都。随即魏、吴双方密谋停当，曹操把对付孙权的军队派到前方迎战关羽，孙权则在后方偷袭。这年冬天，荆州失守，根据地没有了，蜀汉兵败如山倒。荆州之失，不但葬送恢复中原的希望，关羽自己也被俘获，宁死不屈，大义归天。四十年后的景耀三年（260），刘禅为已故五虎上将追加谥号，给关羽的是“壮缪”。“壮”有悲壮之意，“缪”含失败之评。后世对此长期有争议，认为不够正面，因而有时换成完全正面的“壮穆”，有时另颁新谥以避开原谥。一千五百年后，乾隆帝干脆下令修改史书，先把谥号改为“神勇”，后又改为“忠义”。

“大意失荆州”？

无论人们如何纠结于此，荆州毕竟丢了，而且一切来得那么突然，所以才有一句话叫“大意失荆州”。南宋大儒朱熹评曰“疏卤”，也就是疏忽大意加鲁莽傲慢。朱熹被儒家称为朱子，是程朱理学创立者之一，于是这就成了定论。但是从今天的视野来看，包括考古发掘和一些很重要的此前却未被人们注意的史料，可能会得出与之完全不同的结论。

先说说疏忽大意。今天荆州城墙仍然保持完整，不过已是明清时候修建的。但文物工作者发现，现有城墙是建筑在汉魏城墙基础之上的。当年基础非常之坚固，使用很多混合材料，应该属于那个时期最坚固的城墙。谁筑的？关羽。附近还有一个县城叫公安，和荆州形成“犄角之势”。公安这个名字是刘备起的，赤壁之战时是他的据点。一旦荆州有事，公安即出兵相助。刘备取得西川后，刘璋就被安置在这里，可见位置重要。还有考古发现，从荆州到今天武汉这一带，关羽修筑很多流动哨位，防备吴兵偷袭。双方虽为盟友，但关系并不愉快。关羽熟读《左传》，春秋时期背叛盟友的例子很多。只不过古人是明着来，东吴却是使阴招。也就是说关羽布置了“三重防御”：沿江二百多里的流动观察哨，公安县城与之鼎足支援，荆州城池非常坚固。要说他对吴人偷袭从来没有防备，显然不是。疏忽大意的说法值得怀疑。

再说说鲁莽傲慢。所谓孙权要和关羽结亲反遭辱骂，《三国志》史有明文。但是如果仔细分析，就会发现情况并不那么简单。孙权擅长搞联姻，此前已和曹操结亲。在袁绍势强，曹操势弱时，曹操把侄女嫁给孙权的弟弟孙匡，又为儿子曹彰娶到孙权的堂侄女。但是到了赤壁之战，双方照样对垒。所以孙权此议恐怕更多是一种试探和政治姿态。鲁莽傲慢之说，看来也有再认识的余地。当然关羽确实很不给东吴面子，不但因俘获大量曹军导致军需不足，径自启用友军存粮，即“擅取湘关米”，还威胁要让孙权好看。然而须知《隆中对》实施的前提就是“外结好孙权”。裴注本引《典略》称：

> 羽围樊，权遣使求助之，敕使莫速进，又遣主簿先致命于羽。羽忿其淹迟，又自已得于禁等，乃骂曰：“貉子敢尔，如使樊城拔，吾不能灭汝邪！”权闻之，知其轻己，伪手书以谢羽，许以自往。

关羽比孙权大二十二岁，算是两代人。这段史料显示，关羽痛骂未按盟约援助自己北伐的孙权是“貉子”。貉的长相类似狐、獾，骂得够狠！印证吴将吕蒙对关羽“梗亮有雄气。然性颇自负，好陵人”的观感。

三重背叛，英雄末路

不过更重要的是，有些史料此前从未被研究三国者注意，那就是吴国《鼓吹曲》。南北朝时期的宋朝史官沈约把宫廷档案里的三国歌词记录下来并收入《宋书》，其中吴国《鼓吹曲》的第七首《关背德》就是当时吴军传唱的歌曲，内容即偷袭荆州。这首歌词的特点是接近原始档案，且形成时间早于陈寿《三国志》。与综合很多说法的史书相比，从证据角度讲价值大不一样。它是这样唱的：

关背德，作鸱张。

割我邑城，图不祥。

称兵北伐，围樊襄阳。

嗟臂大于股，将受其殃。

巍巍吴圣主，睿德与玄通。

与玄通，亲任吕蒙。

泛舟洪泛池，溯涉长江，神武一何桓桓。

声烈正与风翔，历抚江安城，大据郢邦。

虏羽授首，百蛮咸来同，盛哉无比隆。

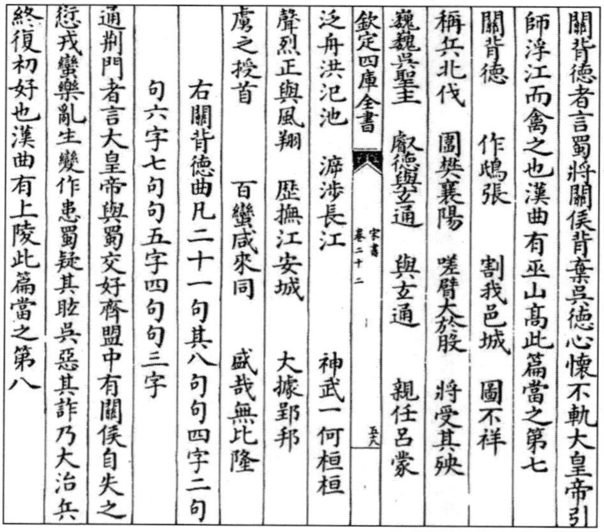
關背德者言蜀將關侯背棄吳德心懷不軌大皇帝引
師浮江而禽之也漢曲有巫山高此篇當之第七
關背德　作鴟張　割我邑城　圖不祥
稱兵北伐　圍樊襄陽　嗟臂大於股　將受其殃
巍巍吳聖主　叡德與玄通　與玄通　親任呂蒙
欽定四庫全書　宋書　卷二十二
泛舟洪氾池　溯涉長江　神武一何桓桓
聲烈正與風翔　歷撫江安城　大據郢邦
虜之授首　百蠻咸來同　盛哉無比隆
右關背德曲凡二十一句其八句句四字二句
句六字七句句五字四句句三字
通荆門者言大皇帝與蜀交好齊盟中有關侯自失之
愆戎蠻樂亂生變作患蜀疑其眩吳惡其詐乃大治兵
終復初好也漢曲有上陵此篇當之第八

《宋书·乐志》所载“关背德”鼓吹曲

请注意，其中并没有提什么嫁女儿你不答应，我孙权丢脸了；或者你太骄傲了，抢米骂人，我东吴要弄你之类的话。反而通篇说的都是关羽如何图谋不轨，兴兵北伐，对东吴构成重大威胁，所以孙权下手除掉他。何谓“关背德”？意思是关羽借荆州不还，还不知足。鸱（chī）即鹞鹰，古人视为恶鸟。江安，应该是上文提到的公安。郢邦即荆州。

“借荆州”是怎么回事？荆州八郡原属刘表，与孙权无关。曹操南下夺得其中南阳和南郡，后来孙刘联合击败曹军，平分南郡，其余均为刘备所有。刘备同孙权联姻后，提出南郡全部归己以对抗南阳的曹魏势力，为东吴看守北大门。所谓“借荆州”，其实仅就其中南郡之半而言。此后孙刘又起争端，孙权要取南郡，刘备闻讯当即从益州赶来，与之对峙。最终双方议和，各得荆州三郡。此外南郡仍归蜀汉，关羽即驻守于此。

孙权不惜背弃与刘备的联盟与姻亲——别忘了那是其妹夫，决心与曹操联合，夺取荆州以自保。关羽水淹七军之后，吴将陆逊专门写信致以热烈祝贺和崇高敬意。然后表示曹操狡猾，你千万要防着他，我们这儿是没事的。可以说信誓旦旦。谁能料想这封信刚写出去，藏在幕后的吕蒙就派兵偷袭荆州。这种欺骗手段，说起来是不正大光明。当然，军事家往往不考虑道德后果，要的只是胜利。但是政治家就不一样，绝对不会承认自己背信弃义，而是一定要找冠冕堂皇的理由。东吴就是这样，不但外交信誉很差，还虚构“借荆州”以指责蜀汉背约在先，更是误导世人。

有句话叫“看《三国》落泪，替古人担忧”。关羽是否大意失荆州，有没有轻敌，早已不重要了。一员纵横沙场四十年的勇将、名将、老将，最后如此结局，留下的教训已足以让后人警戒。他的失败是遭遇三重背叛。第一重是盟友背叛、偷袭；第二重是部将背叛，公安守将糜芳、士仁在荆州被偷袭后并未抵抗而是投降；第三重是友军背叛，镇守附近上庸的刘封、孟达得知荆州失守应出兵接应，但却没有。关羽走麦城，死临沮，就是因为他投奔的方向仍然是西边即刘备所在地。吕蒙料定他必去益州，在那里设伏，擒获其父子。

还有一个原因不得不提。那就是关羽北伐期间，刘备既未像《隆中对》设计的那样兵出秦川，两厢呼应；也未像此前得知孙权取南郡时那样火速援荆，遏制事态。据估计，刚刚从曹操手中夺得汉中这一重大胜利，使蜀汉既师老兵疲，也飘飘然陶醉，无暇东顾。也许刘备后来正为此痛悔不已，才不顾群臣诤言坚持伐吴，为关羽报仇。近年所谓诸葛亮乃至刘备借刀杀人除关羽之说流传很广，那是章太炎在晚清最早提出来的。此说非但有违蜀汉政治伦理，也经不住情理推敲。章老夫子不光是国学大师，还是政治活动家，此说是否另具深意不得而知。

魏晋史专家朱大渭更指出：诸葛亮《隆中对》“跨有荆益”的提法无视荆州是东吴必争之地的事实，存在先天不足，导致蜀汉接连输掉战争，搭上关羽、张飞和刘备性命。对此古人在肯定诸葛亮的理想人格的同时，多有批评意见。从南宋起理学占统治地位，诸葛亮和刘备有君臣鱼水之欢，鞠躬尽瘁，力图复兴，被掌握话语权的儒生视为完美典型，而丢失荆州的责任只能放在被《三国志》称为“善待卒伍而骄于士大夫”的关羽身上。《三国演义》第一主角是诸葛亮，作者不吝予以最长铺垫、最多笔墨、最妙神话和最深情感。然而未卜先知的孔明对关乎国运的关羽北伐襄樊居然毫无关注，从逻辑上完全讲不通，原因也就在于此。

大义归天，各方礼敬

关羽被俘，裴注本记载孙权想说服他投降，东吴也爱才。但是有人说，曹操对他这么好，他还是要走，做这些没有意义。于是关羽父子就义，时为建安二十五年（220）年初。孙权派人把关羽的头颅送到许昌，也许是希望让刘备知道这是受曹操指使。曹操很明白，立刻把关首以诸侯礼葬于洛阳——别忘了他是汉寿亭侯嘛！孙权一看，赶紧把关身也用诸侯礼葬在当阳。刘备只能在成都为关羽建了空墓和祠庙，至今还有一个地名叫衣冠庙，附近还有一个洗面桥，据说刘备祭奠关羽时在那里洗去泪水。关羽之死，互相敌对的魏蜀吴三方为之修墓。这样的事例古往今来可有几个？

至今中国境内有三个关公重要纪念地——当阳关陵、洛阳关林、解州关庙。这实际是仿照孔子老家曲阜“三孔”的规格，“三孔”分别是孔庙、孔林和孔府。孔庙是祭祀孔子的国家庙宇，孔林是孔子自己及其家族墓地，孔府是孔子子孙的府第。关公的子孙长期湮没无闻，家族墓地无存，自己又身首异处，所以分三个地方设置祭祀场所，这是中国过去对圣贤最高的纪念规格。可见他这种武烈之气，尤其是大义归天，深得后人崇敬。失荆州半年后，汉帝被迫禅位。四百年两汉成为过去时，三国时代正式开始。这使日后让关公成为神明的诸多特质尘封在历史宝藏之中，将逐渐被有识者陆续发现。

当阳关林碑亭及坟冢民国景象（选自 *Die Baukunst und religiöse Kultur der Chinesen*《中国的建筑和宗教文化》，1914）

明代《重刻京本通俗演义按鉴三国志传》插画：兴拜父像

到一庄所，兴乃下马叩门。有一老丈出迎，兴言："我是战将，迷路到此，求与一饭。"兴见庄中神堂灯明，视之中间绘画关公神像。

第七讲 佛家神关公

关羽在荆州度过整整十八年，和这里有不解之缘。生命在哪里结束，又会在哪里重生。归天近四百年后的隋代开皇十三年（593），关公以显圣的方式在当阳玉泉寺“复活”，见证者是高僧智顗，这标志着佛教中国化的开始。

明代《重刻京本通俗演义按鉴三国志传》插画：普净招魂关公方始解悟，礼玉泉山静长老为师，就山间往往显灵。里人于山顶建庙，四时以猪羊祭祀之。

玉泉显圣，不舍荆州

《三国演义》第七十七回写当阳玉泉寺住持普净看到关公死后显圣并大喊："还我头来"，于是"呵破前身"：你让别人还头，那么颜良、文丑找谁索命去？关公恍然大悟，从此皈依佛教。从元到明，杂剧、小说，民间传说有很多对关公不符合历史的、渲染神奇怪异色彩的说法，基本都被演义作者删去，但是保留这一段，为什么？该传说对后世影响太大。不过要注意的是：1.所谓"玉泉显圣"不在三国时期，而在隋代开皇十三年（593）。2.历史上是有一个很有名的和尚叫普寂，而且也确如小说讲的是关公老乡，但他在隋代还没出生。隋唐之际的高僧智顗才是这一神话的制造者。

清代当阳玉泉寺汉云长显圣处碑（朱正明 摄）

对"玉泉显圣"的最早记载是收入《全唐文》的董侹所作《荆南节度使江陵尹裴公重修玉泉关庙记》，写于贞元十八年（802）。大意是智顗在玉泉山传法，梦见关公愿意帮他建造玉泉寺。随后风雨大作，古木倾倒，建寺的材料一下子准备好了。以现代科学眼光看，倒更像是一次大地震或滑坡造成这个因缘。

远来和尚，不好念经

智顗，佛家通常称作智者大师，俗姓陈，荆州当地人。他从小学过儒和道，后来信佛。浙江天台山国清寺这一传承至今的大庙就是智顗所建，其创造的“天台宗”被认为是汉传佛教第一个门派。即使如此，当智顗决心来家乡传教时，一开始也不被当地接纳，生活非常艰苦。他的对策就是本土化，也就是把佛教教义和中国本土相结合，借助家乡故事和人物谈佛教因缘。

东汉永平十年（67），佛教从印度传入中国，次年皇帝刘庄下令修建洛阳白马寺作为僧院。然而传教一开始并不顺利，信徒很少。有句话叫作“远来和尚好念经”，其实当时，远来的和尚是不好念经的。为什么？语言不通，翻译困难，加上佛经故事完全与中国无关，老百姓听不明白。还有一点很重要，就是传教者本身层次不高。佛教传入中国与天主教、基督教情况不同，后者教会有钱有势，有计划、有意识派传教士到世界各地，而前者却是逃难式的传教。由于佛教在印度受印度教排挤，生存不了，佛教徒纷纷逃到西域即今天中亚一带，比如阿富汗、伊朗（那时候伊斯兰教还没发展起来）。2001年被塔利班炸毁的两尊巴米扬大佛，其中一尊就建于公元一世纪，与洛阳白马寺几乎同时。但是西域地广人稀，很难有所作为。佛教徒听说东边还有一个大国，地方富庶，人烟密集，于是沿丝绸之路而来，到达中国。不过最初来的并非什么高僧、大和尚。一般而言，大和尚生活还算安定，不会抢先跑出去的。

语言文化隔阂加上传教者自身原因，佛教在东汉魏晋期间进展不大。机会在“五胡乱华”，晋室南迁，中国分裂成南北朝时来临。北朝统治者都是少数民族，压根儿没有文字，印度僧人反倒容易与之沟通。他们首先成功说服北魏皇帝在都城大同大规模建造佛像，即云冈石窟。后来北魏迁都洛阳，又有了龙门石窟。佛法开始真正大规模传入中国，而且由北自南势不可挡。南朝梁武帝萧衍就是历史上著名的佛教徒。

但是荆州这个地方比较难办。为什么？所谓荆楚之地，自古巫风盛行，就是说本土民间信仰非常兴旺，杂神很多；而且道教势力很大，和尚去了没饭吃。高僧如智顗也只能住在岩穴山洞里，或者干脆露宿林间，宛如苦行僧。对此即使后世做美化，也能看出蛛丝马迹，比如《全唐文》那篇文章写的是：

> 智顗禅师者至自天台，宴坐乔木之下，夜分忽与神遇……

护法伽蓝，民心向背

怎么办呢？传法者就造出很多神来，深山有什么神，野林有什么神。《西游记》里唐僧一路上遇到多少山精野怪，可想而知。佛教在传法过程中，一定要用奇奇怪怪的事情证明神魔被佛法所镇服，说服老百姓信教。不能一上来就讲印度的故事、西天的神仙，中国老百姓听不懂，完全不会接受。相信智顗禅师一定注意到关公在荆州百姓心目中的特殊地位，他选中荆州、选中关公是明智的决定。《三国演义》的作者发挥合理想象，在第八十三回虚构关兴在夷陵之战中夜宿荆州人家，发现其父业已成神，受民供奉：

> 老人引入，兴见堂内点着明烛，中堂绘画关公神像。兴大哭而拜。老人问曰："将军何故哭拜？"兴曰："此吾父也。"老人闻言，即便下拜。兴曰："何故供养吾父？"老人答曰："此间皆是尊神地方。在生之日，家家侍奉，何况今日为神乎？老夫只望蜀兵早早报仇。今将军到此，百姓有福矣。"

名将关羽镇守荆州十八年，连对手吕蒙都承认他"恩信大行"，最终又在此兵败身亡。这样的人物和经历，在荆州一定有庙祀奉。出于对战争之神的畏忌，惹不起供起来，本为民俗信仰惯常心态；何况刘备集团深得此地民心，孙吴夺得荆州后用很大力气都没把叛乱镇压下去。《宋书》《齐书》《梁书》提及吴兴郡有项羽神，《北史》称常山郡境有董卓祠，邺城有石勒庙。这些都是引发当地长期战争和动乱的历史人物，有些甚至是负面人物。梁朝天正元年（551）侯景作乱，部将攻打荆州时，术士陆法和就借荆州诸神灵法力加以抵抗。《重修玉泉关庙记》明确指出，其中就有关公。

唐代仪凤年间（676—679），又一位高僧到当阳，就是与禅宗六祖慧能斗法失败的神秀。他依附玉泉寺建了度门寺，接着杜撰说关公给他托梦，只要神秀不再拆除关羽祠，就答应为佛寺护法。常去寺庙的人都知道，除韦陀之外，关公也是护法神。佛家利用荆州对关公的崇敬或对蜀汉统治时期的好感，把他做成在本地传播佛法的神迹，成为关公变身“护法伽蓝”的主要依据。前面提到的普寂是神秀的弟子，因道行高深被称为“法山净”。此人在罗贯中版《三国演义》出现，改名普静。毛宗岗评改此书时把历史上两个真实名字掐头去尾，成了普净。

唐代高僧神秀

隋代高僧智顗

关公成神、玉泉显圣，这是中国宗教史尤其佛教史的重大事件，意味着佛教中国化的开始。关公神话也从荆州向四外扩散，同佛教一起深入民间。唐末宋初，关公在佛教中的地位又有提升，这就是毗沙门天王信仰向关公信仰的转移。

天王信仰，传承有序

中国最早的军神，实际是隋代从印度传过来的，名为毗沙门天王。玄奘大师在《大唐西域记》里说，他西行途中在一个国家看到国王天天拜一个神，就是毗沙门天王。武周时期所建洛阳龙门石窟奉先寺主神是毗卢舍那佛，旁边有托塔金刚力士像，那就是毗沙门天王最初传到中国的样子。

天王信仰在中国怎么发展起来的？与一场战争有关。盛唐势力一直延伸到西域，设立的管辖机构叫安西都护府。天宝元载（742），安西唐军突然被多个国家军队包围。这一仗事关西域对中国归属，皇帝李隆基非常着急。这样远的距离，发救兵都来不及。本来他很信道教，但这时谁都束手无策。正好有三个外国高僧在长安，一个叫不空，一个叫金刚，一个叫善无畏，分别是今天斯里兰卡、印度和克什米尔一带的人。这是真正的高僧、大和尚，对天文、数学都有造诣，正在中国传教。唐廷无奈之下，只好找盛传很有神功法力的远来和尚救急。不空念了一番咒语，说有战神名叫毗沙门天王能够护佑唐军，现在已去救援。随后西域传来战报，说包围的外国军队都撤走了，因为城楼上突然出现金甲神人，身高丈余，非常威猛，敌军被吓跑。据说那就是毗沙门天王，他出现时不空正在长安念咒。皇帝大喜，封毗沙门天王为唐军战神，在全国普遍建立天王庙。

毗沙门天王实有其人，是印度北方一个小邦国王，资助过佛祖释迦牟尼，保护过境内佛教徒，所以被认为是佛教护佑神，还是佛教的财富神，敦煌壁画里的毗沙门天王眷属和随从都在抛撒珍宝和金钱。他有两个儿子鼎鼎有名，一个是二子独健，一个是三子哪吒。按密宗说法，二郎独健最有法力。因为当时哪吒还是小孩，没有特别神通。所谓天王显圣退敌，当然只是表面说辞。密宗研究者指出，不空在西域广传佛法，和唐军将领多有交往。安史之乱后大军从西域赶来勤王，天王信仰由此大举传入内地。这才符合历史逻辑。天王的特征是手托宝塔，此塔什么来历？据敦煌遗书《毗沙门缘起》记载，天王之父是国王，为救护众生在塔前发愿设誓。天王出生后，天帝和天母把舍利塔送给他，叮嘱记住自己的前生。

唐代洛阳龙门石窟毗沙门天王托塔塑像

唐代毗沙门天王信仰极盛。陕西扶风法门寺地宫因出土大量珍宝闻名于世，那就是天王道场。供奉天王的仪轨繁复，耗费资财庞大，对信徒是沉重的负担。唐亡之后天王信仰逐渐消退，知道的人越来越少了。在佛教中唯一保留的痕迹是他被降低为四大天王中的北方多闻天王，就是手持大伞的那位，不再是战神和财神。但是天王的法力和功能通通转移到关公身上，这也是佛教在中国本土化的一种表现。不但天王庙被改为关王庙，天王手上的宝塔也到了关公手上——这是在河北蔚县关庙壁画上发现的。后来关公成为鼓舞军队士气的战神、保佑商人生意的财神，都与此有关。

清代《关圣帝君圣迹图志全集》插画：乌衣兆梦

帝美须髯，髯特长，战则跃跃。被难之前夕，梦乌衣丈夫拜辞曰："余北海龙，附君助猛威。今请辞去。"晨起，特长之髯触手落，帝心恶之。殆与泣麟同一辙云。

第八讲 道家神关公

关公和秦琼相距三百多年，相声《关公战秦琼》成为经典笑话；而传说中的蚩尤和关公相距三千多年，“关公战蚩尤”却被正儿八经地记载下来。此事貌似荒唐不经，但对道教发展史来说却很重要。这起源于关公老家一个叫盐池的神奇的地方。

清代《关圣帝君圣迹图志全集》插画：见龙生圣

汉桓帝延熹三年庚子六月廿四日，有乌龙见于村，旋绕于道远公之居，遂生圣帝。异哉！犹之二龙绕室、五老降庭，生孔子也。

盐池定中原

要讲关公战蚩尤，先得从黄帝讲起。和蚩尤作战的本是黄帝。黄帝、炎帝和蚩尤是原始社会时期活跃在中原地区的三个不同部落的首领。为什么彼此打仗？就是要争夺中原，特别是一个叫盐池的地方。

盐，不但每个人需要，连牲畜也需要。盐是国计民生不可缺少的物资，其重要性仅次于粮。但是整个中原地区却只有“一盆盐”，那就是今天山西运城盐池。相传黄帝战败蚩尤后将其肢解在盐池附近，所以此地写作“解”，肢解的解，运城的古称解州即源于此。实际上当地把这个字读（hǎi），不是（jiě），而且解字加三点水，就是“海”的意思。一亿年前，盐池本是远古海洋的一部分。随着黄河千百万年堆积泥沙，这片海水因特殊地势被陆地包围，逐渐形成盐池，为中国北方提供优质池盐，称为解盐。

“这盆盐”重要到什么程度？尧、舜、禹，这三位上古时期部落首领不约而同选择在盐池周边建都。大尧建都平阳（今临汾），在盐池北边一点；大舜建都蒲阪（今永济），在盐池南边一点；大禹建都安邑（今夏县），干脆就在盐池旁边。为什么？就是要控制盐。后来大禹之子启在运城建都，还是在盐池附近打转转。

与金银不一样，盐几乎是唯一保留其原始性质不变的商品。从西汉开始中国对盐实行专卖制度，历朝历代延续，今天也不例外。到唐代，盐池之利占中央财政五到六成。到宋代，整个对西夏军事费用都靠解州这一池盐。世上最早的有价证券叫盐引，可以直接当支票用，拿来到解州领盐再卖，就出现在北宋。中央政府对解盐的重视，从北宋、辽、金、蒙古一直延续到元、明、清。所谓运城，就是运盐之城。

盐池这一国家宝藏自然需要神明镇守。到了宋代，由关公承担起这一重任。大中祥符七年（1014），解州关庙初建。这是迄今规模最大的关庙。此前，关公的国家庙祀一向设立在葬所当阳。此后，关公信仰开始由楚地向全国，由南方向北方，由巫风淫祀向岳渎（名山大川）崇拜转移。

关公战蚩尤

关公战蚩尤的神话是怎么出现的？《水浒传》祖本之一叫《大宋宣和遗事》，宣和是宋徽宗的年号（1119—1125），该书应该是在南宋到元这段时间成书的，其中提到关公战蚩尤。大概经过是宣和年间盐池突然闹灾，产出的盐发红，当地把这种现象叫蚩尤血，就像他流的血把盐池染红，这样的盐是不能吃的。盐池是国家重要财政来源，皇帝很着急，把张天师召来询问。天师说：“我有办法能胜蚩尤。汉将关羽老家就在盐池旁边，把他请来为国消灾。”关公与蚩尤连战三天三夜，大获全胜，盐池恢复如初。据史书记载，盐池当时确实闹灾。政府派员调查，做出的结论是管理不善导致碱水倒灌，池盐变质，用现在的话就是环境污染事件。这个神话后来被编为元杂剧，就叫《关云长大战蚩尤》，而且传播得很远，很多元代碑刻都记载此事。这让关公好像穿越时空隧道，上可到远古蚩尤时代斩妖伏魔，下可为如今百姓疾苦操劳奔波。

道家拿此事做文章，可能有两层意思：一是借关公为国家说事，因为他代表的不是个人和地方利益，而是中央财政利益。二是关公武勇尽人皆知，把这员名将纳入自己教派麾下能扩大影响。关公战蚩尤一说，明显反映出道家希望依靠国家力量发展壮大自己的心愿。道家源于中国本土巫术，特长就是把神仙法术和山河岳渎人格化，抓住盐池闹灾的机会让关公为自己服务顺理成章。张天师是天师道的教主，其始祖张道陵在汉末就有诛蛇伏虎的传说。传至这时已是第三十代天师张继先，恰好遇到极其崇信道家的"道君皇帝"赵佶，于是成就战蚩尤神话。

崇宁元年（1102），盐池经过整修，开始恢复生产。同年宋帝封关羽为忠惠公，此为后世加封其新爵之始。三年（1104）又封崇宁真君，大观二年（1108）再封武安王。然而相比对三国其他将领的滥祀而言，宋代封赠算不上优渥。如东吴甘宁也在宣和年间封王，庙庑下居然塑关羽像，如同门卫。总体而言，两宋尚未形成关公信仰的全民化。

北宋时期道家有几大流派，西安附近有楼观道、南京附近有茅山道、江西鹰潭有天师道。到南宋时期，西安被金人占领，茅山处在宋金交战前线，龙虎山正一派天师道远在江西后方，未受影响，所以发展非常快，可谓异军突起，后来又和元代皇帝拉上关系。天师道和其后兴起的全真道在元明清三代执掌全国道教，分别把关公纳入其神明体系。关公先后在宋、明受封崇宁真君、荡魔天尊、关圣帝君，到达神坛最高级。真君、天尊、帝君都是道家词汇。道家特别是天师道对关公的推广与其信仰形成过程几乎同步，功不可没。

明代《新编目连救母劝善戏文》
插画：关公、灵官、天师

雷神和义神

到了元、明，天师道把关公定位为雷神，称为雷部关元帅，有惩恶扬善、兴云起雨的职能。元、明皇帝都很敬畏天。据记载，成吉思汗和朱元璋虽是马上皇帝，杀人无数，但最怕打雷。一次朱元璋准备杀一批功臣，天上一个大雷，他几天没办公，这些人活了下来。明代有文人认为雷是天地之间义气的表现，所谓“雷为义神”。这个说法比较新鲜。什么叫义神？做了坏事，官府治不了你，天雷就劈了你。所谓“天网恢恢、疏而不漏”。不要以为做坏事没人知道，没人惩罚。“天打五雷轰”，这是老百姓经常说的话，正和关公除暴安良、疾恶如仇的形象相符。打雷是下雨的前兆，须知关公还是求雨神。他成为雷部众神之首，代表正义、正气，同时在大旱之际给老百姓以求雨的希望和联想。关公成为雷神，为其后成为农业神、乡里神打下基础。

至今流传下来的道家法书专有《东岳独体关元帅大法》，载有召唤关公的符咒和口令。可知关公一度还是道士可以拘魂招致的神将，不但受天帝（北帝，疑即真武）约束，而且与道士是同盟关系。之所

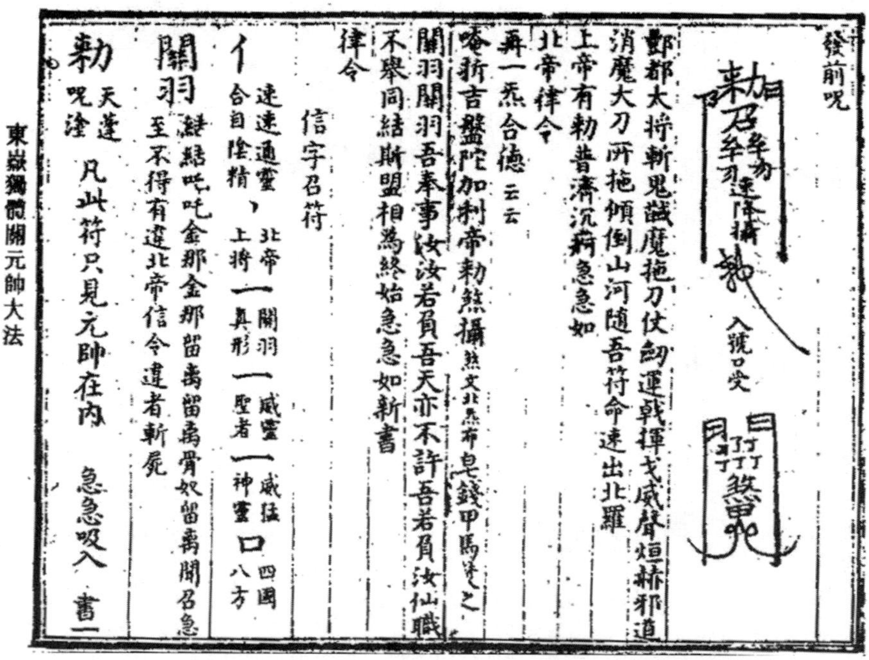

明代《正统道藏·东岳独体关元帅大法》

以选择他，或者就因为其人格在传说中“忠义可嘉”，能够做到“吾汝不负”，因而在有难求助之际可以特别信赖的缘故。虽不能确定此法成书年代，但应是关公神格尚未独立，仍然依附于天师道东岳庙神系的时期。其中措辞很不客气，如在关公信仰大盛时代将有大不敬之嫌，然而唯其如此才保留下历史流变的珍贵信息。

关帝圣训碑

如果不带宗教观点来看，从明以后道家和儒家实际呈合流趋势。二者都出自中国本土文化，道教或依赖于儒家，或帮助儒家对关公进行道德解释。比较重要的就是道教一直在给关公出经书。关羽生前并没有留下什么文字，《三国演义》里给曹操的书信是说书人编出来的，但从明代开始就不断出现以他名义写的经书。比如《关王忠义经》鼓励前线将士应该忠勇杀敌，被收入《道藏》。清代出现的《桃园明圣经》和《觉世宝训》都以关公名义进行道德说教，也被归为道书一类。《觉世宝训》即《关圣帝君觉世真经》，可能成自康熙七年（1668），与《阴骘文》《太上感应篇》合称“三圣经”。该经的出现可视作民间重建价值体系的努力和把关公塑造为全民道德神的开端。而将民间关公信仰推向极致的，则是《桃园明圣经》（成书年代不详，应为晚清）。该经在我国台湾流传不衰，成为维系两岸文化交流的一条纽带。此外还有很多碑刻，都以关帝圣训名义针对社会风气中不良倾向不断发出劝诫、警告，背后带有浓重的道教色彩。

清代当阳关帝圣训碑拓

在把关公塑造成全民道德神方面，道教起了重要作用。在1949年后的庙宇登记中，几座最重要的关庙如北京正阳门关庙登记为道教寺庙，解州关庙也是，当阳关陵登记为佛教寺庙。更重要的是，道家解释关公所有的神力，与儒家的“子不语怪力乱神”相辅相成，都把他塑造成道德情操高尚的人。其实，儒道佛三教有互相冲突的时候，但更多是互相圆融或者接受的。所以中国历史上没有宗教战争，这和西方及中东长期发生基督教和犹太教、伊斯兰教之间及其内部教派之间的宗教战争非常不同。

清代《关圣帝君圣迹图志全集》插画：诣郡陈言

及戊午，生子平。次年已未，圣帝二十岁，遂谢父母曰：“儿已有后，足奉祖祢。今汉室将烬，盈廷觚棱辐邪。谁为扶红日、照人心者？”遂诣郡陈时事，不报。

第九讲
儒家神关公

孔子不谈“怪力乱神”，儒家一向比较理性。但是，从两宋兴起，在明清占统治地位的程朱理学发现关公用毕生事业复兴汉室，实践“春秋大一统”，以忠义仁勇的品质为国家价值体系树立标杆，因此予以认可并将其塑造为全民道德神。

清代《关圣帝君圣迹图志全集》插画：秉烛达旦
圣帝初至许，旅于义司。操以私心窥圣，故作促迫未遑及以何第处圣帝状，使与二夫人共室。圣帝秉烛立待天明。

春秋大一统

凡是上规模的关庙，那种几进院落，不是一间房子的，其中必定有春秋阁。阁内必定有关公像，一手捋胡须，一手持书卷。看的什么书？必定是《春秋左氏传》(简称《左传》或《左氏传》)。那么《左传》和关公有什么关系？

儒家经典《春秋》据说是孔子所编，记载鲁国二百余年史事，为中国最早的编年体史书，先秦的春秋时期就得名于此。此书一大特点是讲究“大一统”观念，即提倡以周代王室作为国家统一象征，发出乱世对治世的呼唤。随后鲁国史官左丘明写书解释《春秋》所载战争故事，名为《春秋左氏传》。为何打仗，过程怎样，哪国胜利，什么原因，通通都有涉及。裴注本有两句提及关羽好读《左传》，熟悉到随口便来的程度，这就把他和“春秋大一统”联系在一起了。这两句是：

> 羽好左氏传，讽诵略皆上口。
>
> 斯人长而好学，读《左传》略皆上口……

为什么关羽好读《左传》？钱锺书在《管锥编》里提到，古人是把此书当成军事战例教科书来读的。中国古代军事思想非常丰富，据说是姜太公著的《六韬》讲谋略，《孙子兵法》讲军事哲学，但这些对于战乱时期成长起来的将领来说未免高深。据传关羽的祖父、父亲都是研读《春秋》的乡儒，属于书香门第。他二十岁离家，自此浪迹天涯。后来又追随刘备南征北战，没有多少受系统教育的机会。不像曹操长于豪门，博览群书，还注解过《孙子兵法》。《左传》详细记载各种战役，怎么包围、进攻、设伏，对关羽这样文化层次的人很实用。

而《春秋》一书的意义又高于《左传》。“春秋大一统”是孔子的愿望、儒家的理想。一般而言，统一的国家无论管理成本、运行成本、交易成本和百姓生活状况，总比分裂割据引起的动荡战乱要好。而且统一有两个含义：一是代表正统，反对分裂；一是不甘偏安，努力兴复。看似彼此矛盾，但都合乎“大一统”要求。关羽志在恢复汉室与好读《左传》相结合，加上蜀汉政权秉持“汉贼不两立，王业不偏安”信条，给儒家提供很好的切入点。从南宋起，以朱熹为首的理学家就把关羽立为符合儒家思想，执行“《春秋》大义”，维护统一的榜样。正是理学终结中国史学界对汉魏时期谁是正统的长期争论，毫不犹豫地把蜀汉尊为正统，把曹魏、孙吴贬为异端。北京的历代帝王庙是明清两代按“春秋大一统”理论修建的唯一的儒家祠庙，历代帝王只有符合理学正统标准才能入祀并供奉牌位。庙里建有关帝庙，关帝像是帝王庙里唯一的塑像，因为关公是儒家认可的象征国家统一的神明。

那么儒家推崇的“春秋大义”又是什么？就是包括忠节观念在内的道德标准和价值观。关羽宁死不屈，“大义归天”，符合“春秋大义”。此后经过理学长期努力、实践“春秋大义”者后继有人。宋末丞相文天祥被俘后坚拒元帝劝降，慷慨赴死。明末大批仁人志士奋起抗清，失败后从容就义。作为儒家选择的道德标杆，关公对后人的影响显而易见。

运城关庙春秋清末景象（*Die Baukunst und religiöse Kultur der Chinesen*《中国建筑和宗教文化》，1914）

提到儒家祠庙，顺便介绍一下“理气说”。对于佛道两家都很热衷的造像，儒家是有看法的，认为供奉牌位即可。程朱理学排斥偶像之神，而以灵气为神。朱熹进一步提出“理气说”，意思是人死虽无形影，但灵魂是附在“气”上面的。所谓神明其实就是天地灵气。山川集气，蒸腾而上，气场特别强，因此庙宇多建于此处；另外众人诚敬之心集于一事，结果常常灵验。基于这两条，理学肯定祭祀鬼神和叩拜祖先能得到感应。那么绝后无嗣的孤魂野鬼又该如何？其中往往不少是忠义节烈之士。朱熹表示，无子孙者虽然没有血胤后代的歆享，其“气”也不是化为乌有，而是加入浩然日生的大化流行之中。

关庙联额多有孟子“至大至刚”“配义与道”之语，就是以他的“善养浩然之气”来形容关公的森严气象。儒家此说是基于岳渎崇拜的朴素环境保护观念。名山大川、圣贤祠墓一旦列入国家封祀范围，就会大面积划为禁区，杜绝樵采耕种，历代相传，不可逾越。因此形成古木参天，生态丰富的人文和自然保护区，国家祭堂、佛道庙观及儒家书院点缀其间，成为一方胜景。人们进入其中，第一感受应该是惊叹和敬畏，继之以愉悦和充实，从而“涵泳气象”，洗涤身心。可惜这一宝贵传统经过清末以来的空前动荡和观念变迁，仿佛沧海桑田，早已不复旧观。

历代价值观

关公之于儒家，还有很现实的意义。儒、道、佛三家存在此消彼长、互相借鉴的竞争共存关系。道家有玉皇大帝，佛家有观音菩萨，万千善男信女供奉。而对不信神的儒家而言，关公是历史上的真实人物，有深厚广泛的群众基础，被儒、道、佛三家共同认可，儒家为扩大影响而推崇关公。

佛、道两家是宗教没有争议，佛家许你来世，道家许你成仙。至于儒家是否为宗教，一直有争议。不过能肯定的是，儒家比较理性，不会开出来世、成仙这样的条件，而是许你“不朽”——不是肉身不朽，而是刻石记功，树碑立传，声名不朽。孔子、关公就是经儒家推崇后声名不朽的。儒家称孔子为孔圣人或文圣人，称关公为关圣人或武圣人。中国历代圣贤无数，最后只有两人进入国家最高祀典，就是孔子、关公，所谓“文武二圣”。明清两代，县县有孔庙，村村有关庙。与孔庙不同之处在于，关庙碑刻有帝王将相写的、翰林学士写的，也包括乡村秀才写的，都把关公作为道德榜样传颂。

两宋以来儒家逐渐宗教化，围绕“春秋大一统”建立的程朱理学成为正统价值观，为关公信仰在全国普及推波助澜。这就要从价值观说起。关公除了追求“大一统”，还有大量“义行”如“忠义仁勇”。传统道德标准不是一提出来就有影响力的，而是和历史上尤其是宋代以后各重大历史事件对人们的启发有关系。中国历代多次树立国家价值体系，比如春秋时期管仲提出“礼义廉耻，国之四维”，意思是说礼义廉耻四个字就像四根柱子，房子缺了柱子要倒塌，国家缺了道德要覆亡。后来一般都认为是孔子之孙子思提出“仁义礼智信”，所谓“五常”；到宋代提出“孝悌忠信礼义廉耻”，所谓“八德”；民国提出的“八德”则是“忠孝仁爱信义和平”。综合每次提出的价值观，只有一个字相通、从来没有被剔除，那就是“义”，而被儒家解释为“义神”的就是关公。

元代赵孟頫《关公五十三岁真像》(局部)

中国古代全民价值观念体系的形成过程几度跌宕。由金入元的大儒郝经对汉唐亡国原因做过分析，用现在的话讲就是：汉代有价值规范而无实施细则，亡于外戚和权臣；唐代有礼仪制度而无价值规范，亡于宫闱和藩镇。晋代去三分归一统，继承的是汉末以来的权臣政治，不但颠覆两汉价值规范还祸及南朝。隋代消除五胡乱华以来三百年战火分裂，但在价值观建设上没有任何进展，导致二世而亡，天下纷争程度变本加厉。唐代在这方面仍无所作为，官僚体系的节操观念极其淡薄，反映在伦理观念上就是紊乱和失序。士大夫普遍重个人得失，少家国情怀，发生变乱时尽职尽忠者乏善可陈。至于对后妃、皇子、宦官的管理或教育更是一塌糊涂，招致无穷祸患。随后的五代十国纷乱至极，自不必提。宋代建立之初，道德建设依然付诸阙如。直到以范仲淹、欧阳修为代表的“庆历新政”倡导者为忠节观念的建立打下基础，声气应求，互相砥砺，心口如一的道义之交初见规模。然而，得之不易的成果在随后新旧两党之争中摧折殆尽。终于“靖康之耻”到来，天下第一繁华的东京汴梁城内，二帝含羞忍辱、文臣鲜廉寡耻、武将贪生怕死、百姓浑噩苟且，被金人任意凌虐、掳掠、勒索和嘲弄，整体表现还不如唐代安史之乱时期。

理学是此后痛定思痛的产物。宋儒在构建价值体系方面有世代相承的不懈努力，重拾被王安石鄙弃的《春秋》作为思想武器。经百年惨淡经营，南宋末年君臣能做到誓死抵抗元军，或蹈海殉国、或杀身成仁，与北宋末年文恬武嬉形成鲜明对比。到明末，除个别朽木不堪如弘光，从崇祯到隆武、永历等，在李闯或清军破城之际都做到“临难毋苟免，君王死社稷”，江南臣民尽节者不可胜数。以上惨烈代价并非虚掷头颅，在国家—民族共同体观念、全民价值观念构建过程中自有其位置。理学价值观讲的是不以胜败论英雄，关公作为“败军之将”，身死国危，却获得后世尊崇的奥秘也在于此。

关夫子称号

关公作为儒家神的又一体现是兼任考试神。求取科举功名的试子争相供奉关公，称为“文衡帝君”。考前焚香默祷，考后上香还愿，这种风气在我国台湾依然延续。奇怪的是，“万世师表”孔夫子不知哪里去了。儒家崇奉关公的里程碑事件是明代崇祯年间出现“关夫子”称号。“夫子”之称向来是被公认大儒的专利，自《论语》以“夫子”称孔子以来，千百年间只有孟子、朱子等有限几人获此殊荣，关羽被称作“关夫子”算得奇事一桩。而且试子拜关不拜孔，这又是怎么回事呢？

追根溯源，其一来自关公与《春秋》的渊源。《春秋》是明清科举中较难的内容，这门成绩考得好，分配到权力中枢的可能性较大。由于“羽好《左氏传》”，俨然《春秋》学权威，于是试子常以关庙灵签预判考试凶吉，从明代开始大量流传关公与试子之间祷告与托梦的互动故事；其二来自晚明吏部考选方式变迁。当时吏部规定每三年做一次铨选，也就是官员的分配、提拔和调任，升迁黜落关系到多少人命运遭际。问题是吏部评判能力、考核政绩的标准和机制出现混乱。部分原因是“中贵干托”，也就是宦官利用权势走后门，批条子；另外就是内阁重臣门户林立，党争激烈。吏部首长左右为难，伤透脑筋。嘉靖三十六年（1557），江南“抗倭”期间盛传“关王护佑”，江南文士、商贾将“江东王签”引进北京，正阳门关庙签成为预卜凶吉的重要依据。万历二十二年（1594），孙丕扬主持吏部，仿照正阳门关庙掣签方式代替考核，主观上是抗衡权贵干谒请托，给所有参与者大体公平的机会。但此举完全不考虑能力、政绩，存在许多弊病，无论当时还是后世都引起极大争议，只能算“无法之法”。不过这使士人更信关庙灵签，此风清代仍盛。

其实专门负责考试的神灵另有其人，其一名唤文昌帝君张亚子。清代嘉庆五年（1800），负责清剿川陕白莲教的四川总督勒保奏称：梓潼七曲山遭白莲教攻打时有文昌星护佑。自此官方正式划分职能，以关公为武曲，文昌为文曲，相当于为关公“减负”。尊奉关公为科举衡文之神的历史传统早于文昌，四川梓潼七曲山文昌祖庙第一进即有金面衮冕的关帝塑像。

清末广东的文衡帝君和文昌帝君合祀（选自 *Die Baukunst und religiöse Kultur der Chinesen*《中国的建筑和宗教文化》，1914）

实践性符号

正是因为儒家介入，不断对关公做道德阐释，使其最终成为精神楷模。关公还有一点是孔孟不具备的，虽说“孔曰成仁，孟曰取义”，但他们都是寿终正寝，没有如关公大义归天，经历生死选择和考验。哈姆雷特说：“活着还是死去，这是一个问题。”——孔孟没有回答，而关公以其生平给出答案：忠诚于理想、信念和友谊——这些是被儒家认可的“大节”。所以关公是中国传统价值体系中一个实践性的符号。好读《左传》不重要，重要的是怎么做。不然吕蒙背盟约，袭荆州，败关羽，让东吴成了赢家，功业似还在其上；别忘了他也好读《左传》，“非复吴下阿蒙”。但就后世评价而言，二者根本不在一个层面上。

再看其他神明：观音信仰在民间很普及，佛家有，道家也有，但是儒家不会加以膜拜；反过来，孔子的名声广及海内外，但是佛家和道家也未将其纳入体系。只有关公能圆融三教，和睦各族，成为有宋以来跨越各个朝代，遍及神州大地，覆盖包括士农工商、朝廷江湖全部阶层的最重要的文化价值符号。从明末起，关公赫然成为至高神，统摄三教，覆盖全国，仿佛在三根支柱上搭成一个房顶。今日宗教学界各自独立，似乎并不清楚历史上关公由人而神，由神而圣的提升过程，反而只视之为“民间信仰”。佛、道、儒三家各有门墙，扩张影响，发挥积极的社会功能，自然不错；只是忘记甚至放弃长时期经过“三教圆融”才共同建立起来的国家—民族信仰，不能不说是极大的遗憾和损失。

元代《新刊全相三国志平话》插画：朝汉帝（上）
曹操引关公、张飞、刘备军回，正西行数日，到长安。无三日，现*帝奏斩吕布於下邳。【*同见】

第十讲 皇家神关公

关公信仰在明清两代达到全盛，一个重要原因就是最高统治集团的积极参与。帝后也是人，皇家无非是掌控国运的一家人。是人就有七情六欲，受外界影响，都是大时代中的一分子。那么五百多年间紫禁城内究竟怎么看待关公呢？

元代《新刊全相三国志平话》插画：朝汉帝（下）

帝喜，有意加官。曹操奏曰："非臣之功。"帝问何人？"涿郡刘备、关、张三人也。"帝宣，三人借袍现*帝。【*同见】

从真武到关公

明代开国皇帝朱元璋认为元代封赏的神太多，下令在南京修了十座庙，只有这些庙享受国家祭祀，其中没有关庙，洪武二十七年（1394）才为其建庙。传说关公托梦问：“为什么这些庙没我的？”朱元璋答道：“你对本朝没贡献啊！”关公提醒：鄱阳湖和陈友谅大战谁来助战？朱皇帝恍然大悟。这其实是人们多年后对他刻薄寡恩的讥讽，并非历史事实。

此前两年，太子朱标病逝。晚年丧子对朱元璋打击很大。他立朱标之子朱允炆为太孙，兴大狱铲除跋扈的大将军蓝玉（朱标妻舅），为关公立庙，显然希望武将向关老爷学习——既英勇善战又忠心辅佐君主。后来燕王朱棣发动靖难之役夺取皇位，南京城被围时建文帝朱允炆派人去祭这些庙里的四座，祈祷神灵护佑，其中就有关庙。朱棣得位后以真武大帝作为皇家神，至今故宫最北部的钦安殿就供奉真武。真武从玄武演变而来，代表北方，朱棣是从北方兴起的。从此直到明代中期，全国到处建有真武庙。

朱棣以藩王身份推翻皇帝，对明代政治伦理造成极大冲击。不久宣德年间发生皇族造反未遂事件，描绘审问庞德情景的《关羽擒将图》巨幅画作恰是此时出现的。此作主题和寓意很特别，中外美术史论者都发表过观点，有兴趣的读者可自行检索。不过能肯定的是，关公作为家喻户晓的历史人物，以其为对象的历史画可向世人传递丰富而微妙的信息，这是当时的皇室护佑神真武无法做到的。

关公信仰对朱明皇室产生影响的另一个节点是正统年间先后发生“土木之变”和“夺门之变”。先是正统帝亲征瓦剌，兵败被俘。其弟即位即景泰帝。在于谦辅佐下坚守北京，击退瓦剌，迎回正统帝，尊为太上皇；后是景泰帝废掉侄子朱见深的太子之位，另立己子为太子。其子夭折，自己重病，正统帝复辟，杀于谦，囚景泰。经历上述系列宫廷剧变，成化帝朱见深一定对究竟什么才是“忠义”深有所感，于是在树立忠节榜样的同时也在宗教各派中广结善因，左右逢源。成化十三年（1477）他下令在洪武年间所建北京武庙基础上扩建国家祀典关庙（白马关帝庙），二十三年（1487）在皇宫西南侧为刘关张兄弟新建三义庙并亲撰碑文。

明代《宪宗元宵行乐图》中的《三英战吕布》演剧场面（宪宗即成化帝）

天下第一关庙

提到明清皇家与关公，这里有一个很重要的事情，也就是明清两代天下第一关庙在哪里？

有人说，山西运城解州关帝庙是第一，那里庙宇建筑面积最大，而且是云长故里所在；有人说，湖北宜昌当阳玉泉寺是第一，那里是传说关公皈依佛门最先显圣的地方；有人说，洛阳关林是第一，那里是明代敕封关帝所在和清代帝后唯一到过的北京之外的国家祀典关庙。但如果看明清两代记载，真正的天下第一关庙是面积小、不显眼但位置很重要的北京正阳门关庙。

这座庙是怎么回事？正德帝死后没留下儿子，也没有亲兄弟，于是明廷选择其堂弟继位，就是嘉靖帝。此前他一直在湖北钟祥，那里离关公成神的当阳很近。同样是藩王登基，既然从北方来的永乐帝朱棣能把真武作为护佑神，那么嘉靖帝朱厚熜也动脑筋把南方自己家乡一位很重要的神请来护佑子孙。这就是关公。

嘉靖十年（1531），正阳门城楼外西侧建起一座三间的小小关庙。为什么会在这个位置？嘉靖帝家乡钟祥在北京西南方向，正阳门关庙也在皇宫西南方向，都是一一对应的，象征关公是护佑宫廷，保卫皇帝的神明。从星相学而言，关公对应的是“夹黄帝坐”的“四帝星”之一，即南方赤帝，负责镇伏作乱的蚩尤星，更重要的是拱卫太微垣黄帝星，也就是居于紫禁城中央的皇帝。此前嘉靖帝下旨修建圜丘坛作为祭天所在地，皇帝祭天必经正阳门，当然祭拜关庙。嘉靖帝就这样改变了皇室护佑神，以关公代替真武，只是没有明说，钦安殿内也供上了关公。正阳门关庙在明清两代香火极盛，1958年被拆除，遗存散失殆尽。

万历四十五年（1617），万历帝朱翊钧为北京万寿西宫护国关帝庙写了很长的碑文，明确说他去湖北拜祖陵，也就是嘉靖父亲的明显陵，感觉空中好像有金甲横刀跨赤马者在保护他。这就是关公，南方之神，保护我这一支的。这也等于正式宣布关公是明皇室护佑神。而此前，也是他在十八年（1590）加封关公为协天护国忠义大帝，四十二年（1614）又加封为三界伏魔大帝神威远镇天尊关圣帝君，命道士到洛阳关林祭告，护佑自己受封去河南的心爱儿子福王。以上就是关帝称号的由来。

明清北京正阳门前关帝庙（不存）

明清之交迷思

关公作为嘉靖帝选定的保护神，地位本无可动摇，然而到明末情况一度发生变化。这就是西方天主教的挑战。崇祯帝朱由检早年笃信天主教，他入继大统后，著名教徒徐光启于崇祯五年（1632）以礼部尚书兼内阁大学士，参与机务，天主教势力深入内苑禁掖。可能传教士认为从来没有像此时把中国变为中世纪欧洲那样“政教合一”国家这么合适的机会，在这个“历史性机遇”面前一度毫无顾忌。对关公，耶稣会传教士的定位很明确：“淫祀”。多种明末笔记记载，西洋人采用暴力手段毁弃大内供奉各类神像。然而有证据表明，宫中最为崇信关公的群体——太监、宫女奋而反击，利用皇子生病夭折大做文章，让崇祯帝悲痛之余转变态度。耶稣会对自己的莽撞之举噤若寒蝉，甚至连“皇帝入教”这样的“特大喜讯”也讳莫如深。

那么清代皇室对关公的信仰又是怎么一回事呢？最普遍的说法是老汗王努尔哈赤让人把《三国演义》翻译成满文，满族从此信仰关公。其实这只是揣测之言。据清人笔记，满洲建国初期把关羽称呼为“玛法”“关玛法”。玛法是什么意思？就是爷爷。很难相信，光看小说就能认爷爷。这还要从努尔哈赤的经历说起。

起兵反明之前，努尔哈赤受过明廷印信，当过边将，七次到北京交涉公务。他与上级关系不好，时有摩擦。最后一次是万历四十二年（1614），当时兵部接到边关将领报告说他有反意，主张就地正法。据此将其扣留。这件事情不知怎的，被万历皇帝生母李太后知道了，觉得不妥，于是干预。李太后系隆庆帝贵妃，万历帝尊为慈圣皇太后，平生最信观音和关公，对晚明佛教有重大影响。据说她赐给努尔哈赤三尊像，一尊是伏魔大帝即关公，一尊是观音，一尊是后土。当时满族信仰萨满教也就是原始自然崇拜，没有人格神概念。这三尊像让满族第一次接触关公。清朝皇室供奉的女神神像"完立妈妈"，有一种说法就是指李太后，也即万历的妈妈。李太后和老汗王的交集终止在这一年，同年前者寿终正寝，后者死里逃生。

为什么李太后会这么做？此前汉族和蒙古族打了几百年交道，逐渐认识到最好的办法不是用战争杀戮，而是用文化影响。万历帝之父隆庆帝在位期间，双方关系有很大改善，汉蒙这对冤家长期没有发生战事。原因当然很多，其中明方采取的办法之一就是与其打仗不如送佛像、经书之类的宗教用品，更能够稳固双方关系。所谓化干戈为玉帛，用宗教方式影响、维持边界和平。蒙古部落信仰藏传佛教，其中很多宗教用品包括献的哈达，都是内地生产和供给的。

万历四十六年（1618），努尔哈赤起兵反明。据民国《奉天府志》记载，天启五年（1625）他与辽东明军作战，一个姓苏的百姓来不及跑，钻进关帝庙，被搜出来，问他是干什么的？他灵机一动，说是守庙道士。努尔哈赤把庙里祝版拿来，亲笔写了几个字留给苏某，于是此人真的看守关庙。同年努尔哈赤占领沈阳，把他叫去为阵亡将士诵经。努尔哈赤所建后金汗国让明廷束手无策。万历帝之孙天启帝下令平毁北京房山金代帝王陵，在其遗址上建关帝庙一座，幻想借此"镇压"敌人的风水。崇德八年（1643）皇太极以沈阳为都城，敕建关庙。定都北京后，清朝皇室在重要日常祭祀殿宇，如紫禁城坤宁宫、满洲堂子及各处离宫苑囿之中都设关公神像或建有关庙。

公元1644年是中国经历改朝换代最频繁的一年。这年既是崇祯十七年，又是永昌元年，还是顺治元年，北京接连成为大明、大顺和大清的首都。此外同年张献忠还建立“大西”。上述王朝相互为敌，却都供奉关公。明清自不待言，大顺和大西存在关公信仰也有史籍为证。在那个天翻地覆、血雨腥风的时代，无论明代官民防御李闯，还是南明君臣对抗清军，或者满蒙八旗抵敌进攻，都要祷告关庙。不得不承认的是，刚烈如黄道周、苟且如钱谦益、侫幸如孙之獬，都是关公的虔诚信徒。一种信仰在中国能影响至此，叹为观止。然而关公究竟护佑何方，更成为有清一代困扰信众并难以解答的心病。在明亡清兴这沉重的一幕中，让人想起唐代休静法师就毗沙门天王信仰的同一命题道出的充满禅机的偈语：“天垂雨露，不拣荣枯”。

国家最高祀典

明清关公信仰虽有明显接踵之迹，但性质却有极大差别。明代无论普及面多广，关庙多属私祭，即使皇室也是如此，且封赠诸号均带有道教色彩；而清代则自雍正年间已正式列入儒家官祭，比拟孔庙。崇德八年（1643），规格也呈现逐代上升之势。今之论者每言关公信仰是“统治阶级提倡的结果”，其实多是以清代状况立论。

康熙十八年（1679），毛纶、毛宗岗父子订评《三国志通俗演义》百廿回本问世。这是在罗贯中版本上的再创作，目前世人看到最多的就是这个版本，也是影响最大的版本，塑造了关公“义绝”的形象。然而被世人忽略的是，洛阳关林现存康熙五年（1666）《敕封碑记》由教小皇帝读书的翰林撰文，长达四千五百字，还把史书、演义甚至宗教或民间传说中的关公故事和神迹复述一遍，相当于演义缩编本，“关林”之名就是这次确定的。这块公开树立的巨碑为毛氏父子编定《三国演义》提供相当自由宽松的想象空间，演义文本从此定型。不过康熙帝在位长达六十一年，但是未像其父顺治帝、其孙乾隆帝那样以国家祀典规格封赠关公，可能与其统治时为抑制天地会的反清复明势力而下令禁止异性结拜兄弟有关。

据方志记载，全国各府州县未建或者颓圮复建的关庙大多是在康熙年间新建、复建的。雍正帝即位后，正式排除《关圣帝君圣迹图志全集》所载传说及解州知州等造出的“关帝祖系”，重新厘定关公诞辰为五月十三。其三代祖考仿孔孟之例，只写封赠，不书姓名，且成为后世制度。于是解州关庙、当阳关陵、洛阳关林与曲阜“三孔”一样，成为国家重要祀典所在。此外还在这三处及许昌、荆州命地方官员寻找关氏后裔，受封世袭五经博士，以承关庙血胤之祀。经此封祀，除祭孔为三跪九叩，祭关为二跪六叩，其余已无区别。雍正帝在“九龙夺嫡”的血雨腥风中上位，处置兄弟政敌极为辣手，但在“守制三年”中极尽恭敬，正式追封关帝三代的时机其实与此有关。乾隆帝对推动关公信仰更是不遗余力，其特点是干预历史，把自己的理解强加于《三国志》，严斥陈寿修史不公。此后值得一提的是咸丰帝，在位期间内忧外患相逼，为此四次加封关帝，创历代纪录。他把关帝祭祀规格从群祀升为中祀，跪拜礼数等同祭孔，并亲赴北京的国家祀典关庙致礼，实际上已是最高规格的大祀。

雍正帝大举崇封，奠定关公尊隆地位，自此全国府州县掀起一轮重修关庙后殿，官方春秋致祭的高潮。这是比配儒家祭孔祀典，与明代以道家崇奉关羽的意义截然不同。因为如果没有儒家议礼正式参与，谁也不可能登上最高圣坛。可以说，关公到了清代，已经变成上安社稷，下保黎民，覆盖全境，包括宫廷江湖、士农工商、少数民族，是一个无所不在的神明。

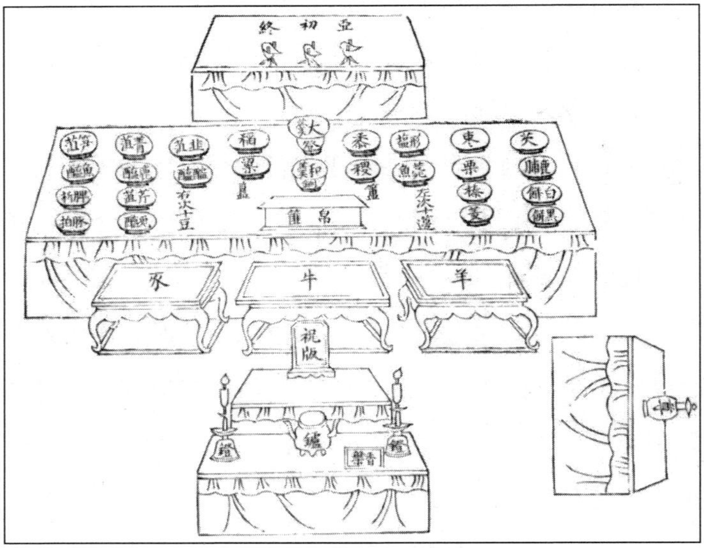

清代《南工庙祠祀典》乾隆年间关庙祭祀陈设图

清末皇家对关公关注的程度，从关帝封号字数可见一斑。自顺治九年（1652）首次加封，到光绪五年（1879）最后加封，共计十次。封号是对神明仙人的，谥号是对故去帝后的，尊号、徽号是对在世帝后的。共同点在于字数越多，规格越高。清太祖努尔哈赤谥号是：承天广运圣德神功肇纪立极仁孝睿武端毅钦安弘文定业高（皇帝），25个字；清文宗孝钦皇后徽号是：慈禧端佑康颐昭豫庄诚寿恭钦献崇熙

（圣母皇太后），16个字。关公封号是哪些字？忠义神武灵佑仁勇威显护国保民精诚绥靖翊赞宣德（关圣大帝），22个字，在所有神明封号中无出其右。

明代《遗香堂绘像三国志》
插画：显圣助阵
看看至近，只见云雾之中，隐隐有一大将，面如重枣，眉若卧蚕，绿袍金铠，提青龙刀，骑赤兔马，手绰美髯，分明认得是父亲关公。

第十一讲 军队神关公

中国的武圣或军神历经多次变迁，最后定为关公。历代名将何止万千，他是怎么脱颖而出，后来居上的呢？不只是“匹马刺颜良”的武勇、威震华夏的战功、刮骨疗毒的神话，更多是和国家、民族命运结合在一起的历史演变结果。

明代《遗香堂绘像三国志》插画：水淹七军
庞德坐于帐中，只听得万马争奔，征鼙震地。德大惊，急出帐上马看时，四面八方，大水骤至；七军乱窜，随波逐浪者，不计其数。

军神变迁

作为文明古国，中国很早就有军队，但不是同时就有军神。远古传说人物蚩尤被奉为兵神。他在山东嘉祥武梁祠汉代石刻里的形象好像外星人，头上顶着弓，一手拿着戈，一手拿着矛，两脚也绑着兵器。传说此人善于冶铜和制造武器，用今天的话来说就是军工专家、兵器专家。“兵”字古意是武器，说蚩尤是兵神或者武器神，也就把青铜时代的兵器制造都归功于他，因为很多金属兵器都是那时出现的。后世军队保持祭蚩尤旗的习惯，一直延续到清代。武圣出现在唐代。唐高宗封文武二圣，文圣是孔子，封号文宣王；武圣封号武成王，即姜尚姜子牙。姜子牙是谋略之神，看过《封神演义》的都知道。所以无论蚩尤还是姜尚，都不属于后来所说的军神这种概念。

中国最早的军神实际是盛唐时期从印度传过来的，名为毗沙门天王。唐代军队打仗以前要祷告天王，打仗时举着绣有“天王”的旗帜出去，获胜后举行仪式隆重答谢天王。唐人笔记还记载，很多军人在自己后背文身刺的就是天王，为什么？因为可以随时告拜。军队遇到的情况千差万别，想祷告不一定就有庙和神像。所以只要把上衣脱下来，背后就是天王像，其他人就能随时拜军神，风气甚至到了这个程度。随着唐帝国衰落和覆亡，天王信仰逐渐失传。《水浒传》名为写北宋，实际反映的是作者所在的元末明初情况。第九回写林冲发配，去守天王堂。得了好处的差拨告诉他：“这是营中第一样省力气的勾当，早晚只烧香扫地便了。”说明堂上早已没有军士祷告。

脱颖而出

关公和军神挂钩是宋代的事。现存最早关庙碑记实物在山西沁县，当时是边关要塞，提到宋初在南疆两次大规模战事，首次出现关公显圣，助阵破敌的神话。

宋代桂林“擎天得胜关将军”摩崖

皇祐四年（1052），在宋与交趾（今越南）夹缝间生存的少数民族首领侬智高反宋，势如破竹，建国称帝，攻陷邕州（今南宁）等多处州县，围困广州近两个月。宋廷从边关调遣精锐部队广锐军南下征剿，统帅为狄青，先锋为后来杨家将故事中著名的杨文广。经过苦战，宋军险胜，侬智高逃亡。沁县关庙碑文称广西荔浦建有关庙，侬智高祈祷关公保佑，未遂己愿，怒而焚之。狄青奏请加以修复。广西地处边远，也非蜀汉故地，居然建有关庙，可谓一奇。

显圣之说虽为神话，但对跋涉万里，深入不毛，九死一生的军人来说仍是不可或缺的精神力量。如同毗沙门天王在唐代安西显圣一样，关公也具备如此神力。狄青征侬后第三年即至和二年（1055），镌刻在广西桂林山间的《义缘龙隐岩造像记》明确列出“天台教主智者大师，擎天得胜关将军，檀越关三郎”，为国祈福。这是现存最早关公信仰摩崖。智者大师即智颛，关公显圣神话首创者；擎天得胜显然是毗沙门天王特征（别忘了他托塔力士的造型）；关三郎本为华岳之神，或因潼关之故连带冠以“关”姓，被后人以同“姓”附会为关公或其传说中的第三个儿子关索。天王信仰逐渐消退，其地位被关将军取代，这也许是宋军将士祈祷关庙，将关公视为军神的内在原因。

熙宁七年（1074），战事又起。交趾攻陷钦州、廉州和邕州，血腥屠城，数万军民遇难。由郭逵所率边关军队奉调从山西到广西击退敌军，交趾乞降。宋军也付出沉重代价，三十万军兵及民夫因酷暑烟瘴病死过半。初到南国，威胜军在狄青修复的荔浦关庙许愿：如能凯旋定当报还。此后部队遭袭，传说关公率阴兵助战，宋军大获全胜。官兵感激，酬谢神明，回驻地后建立沁县城关关庙，立碑者达780人，威胜军将领王文郁领衔。此碑名为《威胜军新建蜀荡寇将关侯庙记》，刻于元丰三年（1080）。

此前的嘉祐六年（1061），苏轼在陕西凤翔为官时，听邻居王彭讲过一段故事并写入《东坡志林》，为研究三国者所熟知。然而被学界忽略的是，这很可能与边关文化有关。故事是：

王彭尝言："涂巷中小儿薄劣，其家所厌苦，辄与钱，令聚坐听说古话。至说三国事，闻刘玄德败，颦蹙有出涕者；闻曹操败，即喜唱快。"以是知君子之泽，百世不斩。

王彭出身军人世家，其父王恺系武胜军统帅，驻守甘肃，和狄青、郭逵、王文郁都是防御西夏的宋将。这段故事反映的是宋代中期已出现三国故事说书，这是后世杂剧和演义的雏形。由此看来，"说三分"及宋代关公信仰很可能起源于宋夏前线，最早听众是守边将士及其子女，其后传播到中原。

靖康二年（1127），金兵攻破汴梁（今开封），北宋覆亡。据考，追随康王赵构南渡的宋军将帅全是掌管西北边疆部队的北方籍将领，均起于包括沁县在内的关公信仰盛行之地。同年赵构称帝，建立南宋。次年加封关公为壮缪义勇武安王，诰词称其"肆摧奸宄之锋，大救黎元之溺"。这是中国历史上第一次褒扬他矢志统一，抗敌不屈，视死如归的事迹，对三国故事变为"讲史演义"有推波助澜之功。此时中原糜烂，生灵涂炭。抗金力量打出关公名义，在洛阳关庙张贴《劝勇文》，把金兵弱点一一指出，号召杀敌，山东抗金豪杰明椿也以"英雄关大王"为榜样。

当此民族危难之际，关公的忠义形象越发高大起来。这是他能于万千名将中脱颖而出，最终成为“武圣-军神-国防神”的根本原因。当时流行的说唱、俗讲等文艺形式则为此做了良好铺垫。即使祥兴二年（1279）南宋覆亡，中国进入蒙古族统治的元代，关公信仰也未像毗沙门天王信仰那样逐渐消亡。能征善战的成吉思汗子孙被宗教、文艺中的关公形象所打动，继续崇关。

关岳信仰

在此讲讲岳飞和关岳信仰。汉末关羽和宋末岳飞，这两位名将都是遭逢乱世，投军报国。骁勇多谋，敌军胆寒；又全由于倾力北伐，中计遇害。功败垂成，父子遇难。不过他们缘分未尽于此，其一，岳飞以关羽为榜样。据其孙岳珂所辑《金陀续编·百氏昭忠录》辑录孙逌《纪鄂王事》记载：

> 飞常与人言：使飞得与诸将齿，不在偏校之外，而进退禀命于朝，何功名不立？一死焉足靳哉！要使后世书策中知有岳飞之名，与关、张辈功烈相仿佛耳！

其二，二人都是好学求知的彬彬儒将。正史记载，关羽“好读《左氏传》”，岳飞“尤好《左氏春秋》”，有诸多共同点的他们在精神层面上是导师与门徒、先贤与后学的关系。

岳飞遇害二十年后，宋廷为其平反，八十年后为其建庙，元代重修。明初设立历代帝王庙，岳飞进入配祀并延续到清代。岳飞作为国家祭祀对象，八百年间未曾改变。前有壮穆，后有武穆；前有关王，后有岳王。各地供奉，香火不断。此外道家封为岳元帅，佛家视为伽蓝神，和佛道儒三家对关公信仰的认可和提升过程如出一辙。民国初年去除关岳带有宗教色彩的封号，合祀北京武庙，作为政府认可的军人楷模。民国十七年（1928）北伐告成，国民政府出于破除迷信的理由废除孔子和关岳的国家祀典。抗战时期，以关岳为题材的戏剧、绘画成为鼓舞国人奋起御敌的精神力量，《满江红》传唱神州。这是关岳信仰的大体脉络。

对于关岳信仰，有一种倾向值得注意，即认为武圣应该是岳飞，关公是清代统治者故意把他“抬高”而取代岳飞的。从明末起关庙（武庙）配祀是抗元殉国的张世杰、陆秀夫，确实没有岳飞。但这并不能得出雍正帝把岳飞“逐出关庙”的结论，因为他在明末已受封三界靖魔大帝忠孝妙法天尊岳圣帝君，俗称岳帝，和关帝并驾齐驱（都是为保佑福王的），自然不可能作为配祀。至于所谓清朝皇帝压制岳飞信仰也非事实。乾隆时期文网至密，《四库全书》照样收入《岳武穆遗文》，集岳飞生平、传说于大成的《说岳全传》就是当时出版广为流传的。当阳关陵、洛阳关林和解州关庙三地中，乾隆帝拜谒关林一次，但拜谒杭州岳庙六次、汤阴岳庙一次，并且作诗称颂。民间的岳庙和关岳庙、双武庙所在多有，并不禁绝。

明清武圣

明军秉承宋元遗风，继续流传关公“显圣助阵”神话。朱元璋建立卫所制度，让中原奉祀关公的习俗扩散至边疆海防。长城重要关隘都建有关庙，甚至每处不止一座。嘉靖年间“倭乱”横行，名将戚继光把“关公”绣入军旗，以忠义精神激励走下坡路的明军，戚家军威名使关公信仰深入江南吴国故地。万历年间日本侵略朝鲜并准备以此为跳板并吞中国，明军两度驰援，与朝军联手将日军驱逐出境，同时将关公信仰带到半岛的三千里江山。

遵化罗文峪明代长城关庙（选自 *The Great Wall of China*《中国长城》，1909）

清代军队关公信仰更上一层楼，尤其是在乾隆时期。这位皇帝好为诗吟，尤喜夸耀“十全武功”即：

> 平准噶尔为二，定回部为一，扫金川为二，靖台湾为一，降缅甸、安南各一，即今之受廓尔喀降，合为十。

后世有人讥为“好大喜功、名不副实”，然而中国现存版图就是大体形成于这时，关公信仰也正是随清军上述西征南伐逐渐覆盖中国全境的。

晚唐五代，伊斯兰教以“剑与火”方式传教进入西域，这使毗沙门天王及其继承者关公无缘在当地立庙。局面到乾隆朝开始改变。乌鲁木齐，维吾尔语意为“红庙子”，最早就源自乾隆二十年（1755）讨伐准噶尔部时清军修建的一座朱红墙垣的关帝庙。更有必要指出的是“新疆”一词由来。乾隆帝给北疆伊犁关庙、南疆乌什关庙分别题词“神佑新疆”“灵镇新疆”。这与光绪十年（1884）新疆建省命名有无关系，读者自可分辨。

又如，乾隆帝下旨在北京的国家祀典关庙“汉寿亭侯庙”树立巨碑并亲自写了一篇祭文，其中举的例子是“西师之役，关公护佑本朝”。乾隆三十四年（1769），为制止缅甸侵犯我国云南和藩属泰国，乾隆帝第四次出兵，派妻舅傅恒远征平乱。突接急报傅恒重病，战事僵持，请求撤军。次日又收捷报，缅甸投降，且提到关公护佑清军。此后缅甸重新成为中国藩属，云南自明代万历年间被侵占的国土得以收复，泰国借此复兴。

然而清军付出的代价巨大，死于疫病者多于作战牺牲者，包括随即去世的傅恒和此前兵败自尽的统帅明瑞（傅恒之侄）；而且之前三次出兵损失惨重，关公护佑又体现在哪里？后世研究者尽可从战略、战术方面探讨，但不能不承认战争很多时候难以解释。也许双方都已精疲力竭，再坚持一下就胜利了。战况瞬息万变，战机时隐时现，随时出现无法确定和把握的因素，所以有句话叫“阴阳不测之谓神”，或者“圣而不可知之之谓神”。这个时候，信仰特别重要。关公作为军神，作用绝非可有可无。

乾隆五十七年（1792），英国殖民者指使廓尔喀（今尼泊尔）

侵略后藏，大肆劫掠。乾隆帝派傅恒之子福康安讨伐，把敌军驱除出境后翻越喜马拉雅山，兵临加德满都，廓尔喀乞降并成为中国藩属。要说“十全武功”有没有水分，“二次受廓尔喀降”，其中第一次名不副实，第二次是实实在在的。傅恒家族笃信关公，除了在京城府第为关公建有家庙，每逢战事必拜关庙。拉萨磨盘山关帝庙就是福康安修复并立碑为记的，其中提到关公护佑。

写有抗战标语的四川广汉武庙（梁思成 摄）

清代拉萨磨盘山关帝庙（于洪笙 摄）

明代《全像三国志传通俗演义》插画：挂印封金

关公遂将累次所受金银一一封记，悬汉寿亭侯印於库中。平明请二夫人上车，男女二十人扶事。另遣人於相府下书。

第十二讲 财富神关公

众所周知，关公是财神。这是因为他在明代中后期被佛、道、儒三家共同认可为神明，而且分别得到其中和财富有关的加持。但更重要的是深一层的意思，那就是他的义神属性与商人趋利属性之间的主次关系，这才是根本原因所在。

明代《全像三国志传通俗演义》插画：挑袍却金

云长恐操有变，不下马来，用青龙刀尖挑却锦袍，披于身上，勒马回头称谢曰："蒙丞相赐袍。"遂下桥望北而去。

商业观念，中西迥异

中国人和西方人在商业观念上有很大的区别。所谓商业，英文是business，词根busy即忙的意思。忙忙碌碌，也许就是西方最早关于商人的印象。中国则把商业叫生意。什么叫生意？这个词来自《周易》的“生生之为易”，表示绵延不断，生生不息。这也肯定是所有商家最理想的境界——资源链不断、财源链不断、客源链不断，绝不枯竭，长续长新。《周易》是取象的，意思是根据生活中实际有的现象概括出来的。生意这种现象因什么而起？想一想关公老家的盐池。解州这一池盐，从远古一直到今天，永取永在，从未断绝，被古人视为灵异神迹，由此生发出的中国商业观念也有其独特之处。

把财富人格化的财神在中国是什么时候出现的呢？北宋末年《东京梦华录》记载，当时的印刷品里边就包括财神像，只不过没有记载是谁。关公成为财神应在明代中后期，被佛、道、儒三家共同公认为神明，而且分别得到其中和财富有关的加持。

第一，从佛家来说，继承的是毗沙门天王神力。据佛经记载，天王是财富的保护神，敦煌壁画里的他是一副财大气粗的形象。天王信仰衰落后，其法力由关公继承。

第二，从道家来说，关公从宋代宣和年间成为盐池财富的保护神，从明代嘉靖年间被供奉为南方赤火神。此前正德年间，葡萄牙船队到中国南海开始通商。此后隆庆年间，明廷与蒙古诸部达成和解，进行茶马交易。于是在世界地理大发现的年代或者说现代资本主义前期的时代，无论南洋还是漠北与中国贸易都很兴隆。当时中国南方是进财的，茶叶和瓷器经南方向海外出口，珠宝和香料经南方向内地进口。关公作为南方神正好与此对应，道教赋予他进财的意义。再有就和他是火神有关。人们一说“火”，就代表财旺的意思。除此以外，关公还是三十多个行业的行业神。

运城盐池民国景象（选自 *Baukunst und Landschaft in China*《中国建筑与景观》，1926）

第三，从儒家来说，关公被认可为财富道德神。晚明时期，美洲发现特大银矿，白银从世界各地流入中国，中国从全球贸易中获利巨大，工商业迅速发展，社会处于转型前夕。儒家也开始突破孔孟“义利之辩”，得出“以义取利，以义制利”的新解，不再羞于言利，“君子爱财，取之有道”，而关公就是儒家树立的模范诠释这一观念的道德榜样。

各路财神，寓意不同

道教系统的财神分几种。人们经常说关公是武财神，其实不完全，应该叫全财神或者主财神，高于其他财神。现在有些新做的塑像，让关公抱着金元宝笑嘻嘻的，这完全是对财神寓意的无知。

每种财神都有背后的寓意。比如文财神比干是商代忠臣，《封神演义》的说法是他向暴君纣王进谏，被挖心而死。纣王说："听说你的心有玲珑七窍，我非要看看是不是！"他为什么是财神？就因为"无心"，无心就不会偏心。武财神赵公明，赵公元帅，为什么是财神？闽台一带传说赵公明无目。无目就是不受外界环境影响，也是公平的意思。上述寓意体现的是一些中小商人渴求法律公正，希望竞争环境公平、透明的要求。

还有一种财神就是所谓刘海戏金蟾。刘海是宋代人，金蟾跟着刘海走。商人供奉刘海仙，可能是希望能像他那样随心所欲调动资金。至于所谓五路财神，因为商家需要广泛的客源，东南西北中都有才好。另外一种叫波斯奴。以前的财神像里有一些长得跟中亚人似的留着大胡子，带着和中国人不一样的帽子，那就是波斯人。波斯也就是现在的伊朗，和中国有长期商业来往。从唐代开始就有波斯奴寻宝传说，反映的都是得意外之财，意外之喜。因为波斯人看重的东西中国人未必看重，反之亦然，所以才有今天人们常说的"淘宝""捡漏"的可能。

以义取利，以义制利

那么何谓晚明儒家提出的“以义取利，以义制利”？简而言之，在信义和利益之间权衡，义字为先。通过义建立信誉，利也就顺理成章到来；通过义防止贪欲，利才能长久持续不断。经商就要讲利，但是利从何来？靠交朋友，建立长期互信，才能够取得长远的利益。明清晋商、徽商把这一点运用得淋漓尽致。当初刚开始做生意的时候，大家往往都没有独立资本，需要合伙，几个东家在一起做生意。这时候的义就是股东、合伙人之间生死相依，彼此绝对信任。晋商中有一家叫大盛魁，三个东家几百年不闹分歧，生意越做越大。不但东家之间需要讲义，东家与伙计（现在叫职业经理人）之间也要结成世代相依的关系。在晋商和徽商的老世家里边，员工几乎也是世代相袭，不会为蝇头小利出卖东家或者轻而易举跳槽。也就是说和关羽、张飞辅佐刘备一样，全心全意，尽心尽力。

当然，商家和客户之间的关系也很重要。晋商和徽商多做木材、茶叶这类生意，经营路线最远处可到达俄罗斯、欧洲，资金量非常大。以经营茶叶为例，先分一部分资金种茶，甚至不断试验、开发新品种；另一部分资金用在长途贩运上，中间还要设各种销售点；还有一部分资金到目的地后用于分销。世事变幻莫测，或者遇到灾害，或者长途贩运中间遇到问题，交货期、交货量达不到合同要求，这就需要客户信任。货来不了、钱跟不上，客户垫上；如果客户有困难，商家

清代晋商日昇昌票号账页

把货赊给他，以后有钱再还。晋商、徽商在最辉煌的时候，第一是长线经营，不来小打小闹；第二是规模超大、范围很广、朋友奇多。取得这些成就的秘密在于“以义取利，以义制利”。义，是儒商商业道德、商业伦理、商业规范中首要的一个字，是通过关公这个道德榜样来体现的。

晋商、徽商，做大、做长

关公是义神，在他身上能够充分的把义的元素都调动起来。甚至在福建和台湾还有这种传说：当年曹操礼遇关公，上马金下马银。关公把赏来财物一笔一笔按照“原、收、出、存”分类登记，辞曹时根据账簿全部还了回去，于是人们就说他是中国商业账簿发明人。随着中国商业从晚明到清的成熟，尤其是与晋商、徽商商业世家的成长同步，关公成为商人应该讲信义的象征。随着明清两代大量会馆兴建，山西会馆供的不消说都是关公；安徽会馆原来供的是朱熹，后来改供关公。关公是一种信誉保证，换句话说，中国商人把关公作为集体的品牌代言人。

清代“上关下财”财神神祃

财神关公并不是通常意义的保佑发财的神明。首先，他是财富保护之神，但不义之财不在其内；其次，他是商业道德之神，意思是具备道德感的商业行为才能形成良好的人际关系。如果无论合伙人之间还是上下级之间、商家客户之间，彼此相信，一诺千金，那么一定有很发达的商业网络、很健全的运作关系。山西和安徽有一个共性：山多地少，而且还是内陆省份。江浙、闽粤都在沿海，照说贸易条件比内陆好得多。但是为什么苏商、浙商、闽商、粤商都没有形成这么大的集团，并往往二世、三世而衰？偏偏晋商和徽商做成世代相传的产业，在今天还作为传说甚至神话得到学者关注？其中的道德因素值得仔细研究。

现在只谈做大做强，很少有人注意到晋商、徽商如何做长。与此同时，商业活动普遍缺乏诚信，签了合同也经常撕毁或不承认，更不要说一诺千金了。为此增加多少交易上、管理上、运作上的浪费！双方耗费大量精力、财力和时间，结果一事无成。关公成为财神，说明明清商业界已经认识到生意不光靠契约，更要靠信义。商业活动除了有盈利冲动的成分，还应该作为可持续的事业，形成所谓百年老店。当然后面必须有推动的力量，那就是道德的力量。

清代《关圣帝君圣迹图志全集》插画：正气归天

帝困於麦城，刘封等救不至，将西入川。夜至临沮，止十余骑。兼山路险峻，为吴伏兵所获，系其马也，遂蒙难焉。漳乡遗恨，痛千古之人心；吴地群奸，暗当年之天日。

第十三讲 乡里神关公

过去有句话：县县有孔庙，村村有关庙。孔庙每县一座，极而言之全国三千多座；而关庙除了每个县都有官方所建以外，在城镇乡村甚至一个村里边有好几座。为什么？因为关公是乡里神、农业神，是保佑一方百姓水土平安的神。

清代《关圣帝君圣迹图志全集》插画：分地和吴
帝方治兵敌吴，适曹操将攻汉中。先主闻之，恐益州有失，乃使使与吴和。吴使诸葛瑾报命，更寻盟好。遂于建安二十年夏五月分荆州，命帝以长沙、江夏、桂阳三郡与之。

乡里社会

什么叫乡里？这是与家族有关的古老而现实的概念。中国从周代起以农立国，进入农耕社会。春秋以前“聚族而居”，一个或数个家族世代共居一地，这就是最初的乡里。农业能保证人民有比较充足的食物，祖先崇拜和宗族观念是儒家学说产生的基础之一。无论孔孟都憧憬“亲亲合合”的社会，就是大家聚在一起从事农业，讲究聚族而居的乐趣。所谓“三里之宅，树之以桑”，男耕女织，小康人家。乡里一般由同一个宗族比如姓王的、姓李的、姓张的或者几个宗族联合聚在一起，大家都是亲戚或邻居。远亲不如近邻，平时互相帮助，难时互相救济。

乡里社会不但维系人的亲情，支持大家的生活方式、生产方式，更重要的是建立一种伦理道德。因为彼此都熟悉，知根知底，知道你是干什么的、你爹是干什么的、你爷爷是干什么的，好像跟自己家人一样。人们一说到乡，老乡、乡亲、乡情，会有一种挥之不去的记忆和情怀。乡音难改，包括乡土气息、乡土风味，吃什么、喝什么，甚至特有的那种味道都汇集在一起。这是中国人重要的精神家园。乡里社会的观念是稳定甚至凝固的，无论是社会秩序、道德观念还是整个生活方式都没有多少差别。

人间神道

乡里社会的理想在汉代初步实现。汉代开国皇帝刘邦当过亭长，相当于乡、村领导，开创王朝并恢复农业后就开始建立以宗族为主，以农业为基本生产方式的社会形态。唐宋转型后盛行重商主义，这在元代社会达到极致，贸易空前发达，遍地财富神话；同时贪腐横行，民不聊生，上层穷奢极欲，社会极度动荡。重塑乡里社会，恢复重农传统的是明代开国皇帝朱元璋。朱元璋出身贫寒，除对少数民族统治下一些歧视性政策非常不满以外，还受过商人很多欺负——元代商人是有很大特权的。洪武十八年（1385），朱元璋颁布一系列法令，把汹涌澎湃的市场洪流改回循规蹈矩的乡里井水。洪武帝基于个人爱憎，打断中国六百年来社会转型过程，其所构建的理想国注定成为不可持续的乌托邦。

这些法令统称《大诰》。“诰”是一个很老的词，表示诏书的意思，这是先秦的用法。《大诰》的基本设想就是均贫富，废商业，把人口固定在生活、生产、家族聚居的地方。明廷把有钱的商人——当时江南有很多元代经商发财的人，大批迁到朱元璋的老家凤阳。这样等于把土地、财产和人口分开：人可以走，细软、金银可以带；但是土地带不走，房产带不走，带不走就等于充公。唱着《凤阳花鼓》乞讨，宁可逃荒也要回老家的，其实是这批人。头一批迁凤阳，第二批迁南京。朱棣当皇帝后继续强力执行这个政策，把剩下的富人迁到北京。

《大诰》是禁止社会流动的。重商社会流动性很强，重农社会流动性很弱。统治者不想人口大量流动，所以建立一套制度，所谓“互知丁业”：同一个村庄居住的人、同一个宗族里边的人，谁干什么的，互相都必须知道。实际上，就是要求乡里社会居民只能在当地从事农业或手工业劳动。经商可以不可以？可以。对经商，朱皇帝有一个非常独到的见解：“商”就是农闲时做的事情。就跟农村赶集一样。这是第一；第二，经商外出一律要村里开介绍信，注明去什么地方、去几天。到时候不回来，衙门就有权利拘捕并遣返。

朱元璋经过十几年，用很严酷的法令重新奠定乡里社会基础。他要求每座城市都要供一个神——城隍神。城隍本来是城池保护神，但是现在要让其起到监督官员的作用。城隍神是一级比一级大，最大的城隍神在首都，是封王的，其他城隍神都要比当地政府最高官员还要高一到两个级别。每个官员到任以前，先到城隍庙拜城隍神。为什么？城隍神起监督和监察的作用。不是监察御史那种官员间的监督、监察，而是一种良心、道德或者因果报应的监督和监察。他要求在农村设立里和社两级机构，方圆多大面积叫一个里，多少人口是一个社。每个城市供城隍神，每个里社供五谷神，种庄稼就要祈求五谷生长旺盛。还有就是土地庙。农业的根本在于土地，建了庙，到时候就要“春祈秋报”。春祈比如求雨，秋报就是向神明做一些奉献。这样一个国家的神道系统，有城隍神、五谷神、土地神，就是洪武帝理想中的社会。日本神道教也是每个村都有自己的庙和神，基本上类似明初中国这套体系。读过《阿Q正传》的人都知道土谷祠，土谷祠是五谷神和土地神合署办公的地方。这个算公产，不算私产，像没有地方住的阿Q也能住。

说关公，为什么绕这么大一个圈子？作为中国唯一具有底层宗教职业经历的皇帝（早年当过和尚），朱元璋设计出以农耕文明为基础，乡里为区域，鬼神为中心，均贫富，等弱强，互助互济的社会形态。他把人间政权“神道化”，创立城市-里社祭祀体系和乡饮制度。后来关公信仰遍及城乡，正是借助这一体系得以实现。但是该体系着眼于农业生产和敦睦邻里需要，没有考虑安全因素，看来过于迷信国家军事力量。无论城隍神还是土地神、五谷神都不管地方治安，尤其不管战争时人们如何自卫，这正是关公成为乡里神的重要理由之一。

正道大神

这就要讲到一件惊动中国的大事，明代中后期嘉靖年间“倭乱”，“倭乱”两个字必须要打上引号。一般人会认为中国人把日本人叫作倭，所以“倭乱”是日本人打中国人。“倭乱”里边有没有日本人？有。有历史学家说里边没有日本人，全都是中国人，这话是不对的。不过其中中国人确实占了绝大多数，七到八成，而且为首的就是安徽徽州人汪直。朱元璋厌恶商人，禁绝海上贸易，闭关锁国。于是，长期从事海上贸易者就想方设法钻空子走私，其中很多人是长期与日本做生意的，冒充日本使者骗取明廷赏赐。后来这些人彼此之间发生冲突，武装走私集团交火，继而迅速蔓延，形成长期骚扰中国沿海的“倭乱”。危害最严重的在江苏、浙江、福建、广东。“倭乱”都是游击战，呼啸而来，突然就集中在一个地方登陆，可能有几百、几千甚至上万人，随后烧杀抢掠。当时地方部队数量少，又长期未经战事，既没经验也没士气，对付“倭乱”疲于奔命，收效甚微。

这时候比较着急的是地方乡绅。军队打不过或者迟迟不来，怎么办？就想到把老百姓组织起来，保卫自己的家乡。好处是招之即来，但是来之能不能战就不一定了。农民毕竟是农民，平常没受过军事训练，也不一定有合手的武器，更重要的是没有纪律。当时杭州有一个秀才叫田艺蘅，写了一本书叫《留青日札》，记载他组织乡民举行誓师大会。怎么教育大家的呢？请来三十多个神，当地信什么，都摆出来。五光十色，什么神都有。最后发现只有一个神最管用，就是关公，这个神供出来以后士气明显高涨。原因之一不言而喻，关公是明军护佑神，他的神力不是狐狸大仙、送子娘娘所具有的。田艺蘅大喜，说关公是“正道大神”。江、浙、闽、粤四省很多关帝庙碑文一致说到一点：就是嘉靖某年，倭寇来袭，老百姓打出关公的旗帜，敌人“作鸟兽散”；或者关公半空降临，吓得倭寇溃逃。基本上都是这么一个路数。当然可以理解为所谓倭寇里边中国人很多，也知道关公；而且乡民把旗子打出去的时候，就说明是有备而来，和散兵游勇不一样。另外被裹挟参加“倭乱”的很多都是老百姓，不是有组织、有纪律的军人。还有一点就是“倭寇”从海上来，而关公有一支使其“威震华夏”的强大水军，给百姓以心理上的力量。

其实当时在江南，很多人对供关公是有疑虑的，尤其是江苏的苏锡常三角洲一带的文人。为什么？因为东吴大将陆逊是那里人。他先是虚情假意写信麻痹关羽，导致荆州失守，后又火烧连营，大败刘备。陆逊是蜀汉死敌，当地陆家势力很大，所以那一带千百年来没

明代仇英《倭寇图卷》（局部）

有关庙。当时有一个状元唐顺之是常州人，作为官员领导抗倭。据记载当地有人问他，关公从来没有来过我们这里历史上属于吴国的地方，还被吴人偷袭杀了。我们怎么能相信他会保佑吴国境内今天的老百姓？唐顺之说，关公是天神，不会在乎当年的事情，他的死是天意。关公光明正大，一定体恤吴地老百姓痛苦，保佑我们抵御倭寇的。于是很明显的，从嘉靖三十四年（1555）开始，江南地区包括福建和广东可以说是村村修关庙。就这样，关公信仰继四百年前南宋政权号召抗金之后，再次大面积传播到南方。

某种意义上说，正是通过"倭乱"这一劫难，关公才迅速由江南乡里神明成为家喻户晓，举国皆知的正道大神。嘉靖元年（1522），现存罗贯中本《三国志通俗演义》约于此年刊印。以往认为该小说是关公信仰形成的重要推手，其实不然。应该反过来说，"倭乱"使明代文人重新认识关公的精神价值，进而插手整理刊行，书商竞相翻印贾利，这才是历史的合理逻辑。

云长求雨

关公成为乡里神，还有一个特别原因。乡里社会很重要的风俗是求雨。求雨一般有两种说法，第一种是求龙王，这是比较晚出现的。村里都有龙王庙，龙王就是保证水源供给的。到了夏天，所谓阴历五月十三，如果雨老不下，耽误老百姓播种，那么大家就去晒龙王。也就是说，把庙里龙王塑像抬到太阳底下来晒，让龙王也和大家遭一样的罪，晒得皮开肉绽，最后塑像塌了都不心疼。这种心理等于是先给你上香、供果、央告，再不管用就让你一起受苦，这是因畏生恨。第二种，是比较早出现的，是求关公。如果还不下雨，就赛关公。要注意，这里是赛，不是晒。什么叫赛？就是各村都把自己供的关公抬出来，同时很多人用杨柳枝给关公像洒水，不让太阳晒着。然后就是村和村之间互相交流，不会把关老爷放到大太阳底下不动，这是因敬生爱。这种风俗的出现是关公成为乡里神的重要标志。

求关公降雨，南宋时就有记载。另外有些地方还求关公止雨——雨下太多了，也求关公。这种风气是怎么形成的？中国的农业最初是一年一作，也就是春种秋收。到了北宋以后，又改成了两年三作或者一年两作。因为小麦不是只有春天播种，夏天收了以后可以再种一季秋庄稼，比如从占城（后被越南吞并）引进的占城稻还有豆类，等等，后来发展到到了秋天再种一茬小麦。因此五月份麦收以后就要抓紧时间播种，这是保证秋天收获的关键，最需要下雨。现存以关公为祈雨神明的最早记载，是宋淳熙十五年（1188）加封壮缪义勇武安英济王敕文。现存最早涉及五月十三祀关记载，则是蒙古海迷失后元年（1249）郝经《重建义勇武安王庙记》。

明清道家关元帅水陆画

过去有句话叫“大旱不过五月十三”。为什么后来说农历五月十三是关公生日？或者有些地方说这天是关公单刀赴会的日子。据说当日关老爷磨刀，磨刀就一定要下雨。湖北一则关公故事说，玉帝派关云长做太阳神，海龙王听了很不服气，对关公请在五月十三赐磨刀雨爱理不理，很是傲慢。关公知道龙王每年六月六晒龙衣，因此毫不客气地说："你不赐我的磨刀雨，我就不让你晒龙衣。"俗传六月六是龙王爷晒鳞日，多是晴天。这些传说，都和中国农业的变革，也就是良种引进和耕作技术改变有关。关公成为农业神，重要原因在于由雷神崇拜发展而来的祈雨功能。后世把祈雨之期锁定在五月十三，并且覆盖不同物候的广大地区。关羽字云长，烈日当头，该下雨不下雨的时候，如果来了一片云彩，得给人多大的联想和希望？所谓"如大旱之望云霓"。这时他的名字也起到了作用。

于是，乡里社会的关庙成为一个全能象征：捍卫村庄安宁，不受外敌侵犯；保佑村庄能够阴晴合时，雨水畅和，让老百姓过上丰衣足食的日子。作为乡里神、农业神，关公起到凝聚人心、鼓舞士气、保卫家园、抗御灾害的作用。这应该就是关公信仰广布中国村庄的最根本奥秘。

清代《关圣帝君圣迹图志全集》插画：华容释曹

帝曰："昔丞相恩满有所报，今日奉命宁敢有私？"操曰："亦记五关斩将时乎？且将军深明《春秋》，岂不闻庾公之斯之事乎？"帝俯首不语，操遂率诸将士疾走。

第十四讲 江湖神关公

有土地就有江湖，有桎梏就有江湖，有庙堂就有江湖，有乡里就有江湖。江湖是世界的另一种状态，它是流动不定的、变幻莫测的、晦暗难明的。随着熟人社会变为陌生人社会，具有游侠气质的关公也自然成为江湖世界的神明。

清代《关圣帝君圣迹图志全集》插画：悯冤除豪

圣帝止旅舍，闻邻人哭甚哀。叩之，乃韩守义也，遭郡豪吕熊荼毒。吕党连七姓，黠滑事珰，蔑职纪。圣帝眦裂发竖，命守义导至七所，悉斩刈之。

何谓“江湖”

“江湖”一词，最早出现在先秦，指的是长江中下游，那里河流、湖泊非常密集。后来天下分为九州，江南到吴越这一带都叫扬州。扬州那里的人经常都是乘船，风涛险恶，比陆地交通要危险得多。这是江湖的一个含义，泛指南方的江河湖泊。

还有一个含义，是庄子寓言《涸辙之鲋》中提到的。大车轧出来一条小沟，下雨积了一点水，里边有两条小鱼“相呴以湿，相濡以沫”。庄子认为：与其如此，“不如相忘于江湖”——虽然关系紧密，能够互相帮助，但环境太恶劣了。要是在大江大海，咱们可能永远不见面，但是生活空间大了，自由了，也安全了。“江湖”在这里的含义是摆脱桎梏后理想的、流动的、辽阔的世界，由此又引申出隐居、流浪的含义，比如“浪迹江湖”的李白、“流徙江湖”的白居易。

再有一个含义，请看范仲淹的《岳阳楼记》：“居庙堂之高则忧其民；处江湖之远则忧其君。”按照现代人对“江湖”的理解，难道范仲淹加入黑社会了？当然不是这个意思。这里的“江湖”代表从宋代开始的一个概念。宋代官员三年一调，而且距离比较远，需要长途跋涉并往往依靠船只。比如欧阳修，他从开封调到夷陵（今湖北宜昌），需经汴河过洪泽湖入长江，再回溯到武汉，最后才是夷陵。路上这段，虽然还是官员，但并没有权力。在流动的环境中，往往能使官员确切知道民生需要。他们把这种经历叫作“江湖”，也就是体制内人士和民间社会、环境接触的过程。

“江湖”最后一种含义，特指宋代借运河而兴的繁华都市，也包括围绕航运交通贸易及其延伸到都市中的商业、服务业、娱乐业等，这是本书要重点论述的“江湖”。日本学者宫崎市定指出，大运河的机能是交通运输，所谓运河时代就是商业时代，可谓一语中的。

隐性社会

今天讲到“江湖”，大家可能认为那是个很诡异的世界，变幻莫测、黑白难分、是非模糊。其实从社会学意义上来说，既有显性的社会，就是全浮在面上，大家都看得很清楚的，公开的社会；也有隐性的社会，就是隐秘的，不公开的，你看不见这个社会组织怎么活动的。从江湖的几种含义可知，应该给其加一个中立的意义，不要好像里面只有流氓、坏蛋专门为非作歹似的。

为什么要把这个问题说清楚呢？因为在乡、在里的人，无论是做工还是务工，其特点是大家都知道自己在做什么事情，是一个清晰出现在人们面前的固定的、显性的社会组织。除此之外，还有一个流动的、隐性的社会组织即江湖，人们从事的行业可能是不固定的、变化的。怎么看待后者这样一个社会，其实是个很有意思的问题。

这里要从组织学角度提到中国社会的几次转型。比如从匹夫之侠到隐性社会形成。何谓匹夫之侠？《史记·游侠列传》有这样一段故事。魏王的弟弟，春秋四大公子之一信陵君要做一件惊天动地的大事，宾客给他推荐一位“夷门监者”，也就是看门老头，这个老头是生死可托的。此人身份就有所谓隐性社会和显性社会的差别。在显性社会，职业是看门老头；在隐性社会，则是有胆有识的豪杰。荆轲也是如此。然而这些都属于“匹夫闾里之侠”，也就是个人行为，不是组织行为。

须知，中国户口制度当初是只管固定户口，不管流动户口。也就是说，一般登记在册的都是在乡、在里的人，这些人有固定的住所、亲属和职业。而流动人口，在以前信息状况和管理条件下很难有效控制。比如经商就是流动性很强的行业，因为不可能永远只在家门口卖自留地里种的或者作坊里产的东西。商品需要异地交换才能升值，在此地司空见惯的东西对彼地而言可能是很稀缺的。

重商主义

最早的商人是什么时候有的？现在虽然看不到很准确的记载，但从情理推想，尤其是有文献记载，最早是出现在关公老家——解州盐池。那里是中原地区黄河中游一带唯一的大型产盐地。盐是必需品，但是自然分布又非常不均匀，这就使它成为天然的商品。《尚书》就说“肇牵车牛，远服贾用”，意思是牵着牛，带着衣服，到很远的地方去卖盐，用换来的东西维持家庭生活。

中国商业的起源与商代有关。殷商时代，人们主要从事的是手工业和流通业，而不是农业。到了周代，以农立国，特许商代遗民继续从事手工业和流通业，称为“商业”“商人”。汉代建立以乡里社会为基本特色的社会结构，但仍然有很多东西需要长途交换。秦末天下大乱，民生凋敝，为休养生息，汉文帝采取“黄老之术”，效果是“垂拱天下治”。“黄老”即黄帝、老子，“黄老之术”崇尚“无为”，是对社会不做过多行政干预。“垂拱”就是说双手可以拢进袖子里，那时宽袍大袖，不用经常伸手，形象说明“无为”的含义。

官府放权让利后，汉代商业迅猛发展。比如四川，第一有盐利，自贡的井盐那时就非常发达，另外还有冶铁业、冶铜业。所以《史记》里边记载的很多有名的商人都出自四川。三峡当时是一条黄金水道，现在还能看到的栈道以及拉纤的水道，那时候就都开辟出来了。在没有铁路和高速公路以前，水路是第一重要的。有很多人世世代代在长江、黄河到后来的运河一带，担负流动的运输工作。在路上长途奔波的除了运输从业者以外，就是商人匆匆忙忙的身影。从组织学原理来说，每种商品后头都有一个组织。任何外来商品，哪怕就隔两个县，背后都有一套组织系统，包括原料、加工、制造、收购、运输、贩卖。汉初这几十年是重商主义在中国的第一次大发展。

唐宋转型

经过主张国家强力干预经济的汉武帝时代，整个社会再次回到重农型。唐代中期发生安史之乱，促使中国社会出现变化，也就是日本学者提出的“唐宋转型”。这里的转型指不再以农为主，而是以商为主。为什么？安史之乱导致黄河流域农业凋敝，人口锐减，而且形成藩镇割据，中央收不上税，财政难以为继。转型的另一个原因是为了解决“索贡”。之所以能平息安史之乱，主力是邻国回纥（今新疆地区）和吐蕃（今西藏地区）游牧民族骑兵。逃跑的皇帝回到长安，为了答谢，不但赐给回纥、吐蕃两国统帅很多金银，而且还请他们喝茶，并用瓷器作茶具。形成生活习惯后，游牧民族可就停不下来了，瓷器那种精美更是用惯瓦罐、铁器者想象不到的。此后史书经常出现“犯长安”的记载，打得唐廷到处跑。这都是谁干的？回纥和吐蕃。为什么？“索贡”。索什么贡？茶和瓷。

因为当时茶和瓷是贡品，不是商品，只许进贡给中央，不能买卖，文武百官用的茶和瓷都必须靠赏赐，产量非常有限，即使皇帝自己不吃不用也不够给回纥、吐蕃的。而且茶是一次性消费，喝完就没了。如果还要接着喝，该怎么办？有一个叫刘晏的能臣提出，索性把茶和瓷由贡品改成商品，鼓励老百姓生产和交换。试行后发现：没有外患了，吐蕃、回纥也不再来了。随后又在建中元年（780）颁布重要的“两税法”，代替针对固定人口的租庸调法。在此以前只有农业税，在什么地方就收什么税，没有其他税。而在改成两税以后，在家务工，要继续缴农业税；出外经商，要在当地缴工商税；商品过境时，要缴流转税。贞元九年（793），又开征茶税和瓷税，于是安徽婺源一个县收的茶税很快超过全国几种税收之和。国家鼓励老百姓经商，用茶和瓷到黄河上游换取马匹、皮毛。就这样，中唐以后中国社会重现经商高潮。

但是最初的商帮面临很多问题。古代小说和戏曲里常有这一出：走到半路上，突然来一个剪径的强盗，竖一杆旗：“此山是我开，此树是我栽，要想从此过，留下买路财。”收费还是小事，害命麻烦就大了。那时候没有镖局，商帮最初出去经商，必须是亲兄弟或者邻里间很熟的人，大家齐心合力甚至是带着武器；而且还有一点特别重要：如果发了财，哥儿几个不能变心，见财起意，杀人卷款。就是在这个基础上，商帮逐渐形成一种特别关系，实际上就是仿照“桃园结义”结为兄弟，正所谓“有福同享，有难同当”。江湖社会，都是流动的陌生人，特别需要一种伦理来凝聚利益关系甚至是生死关系，才可能实现共同富裕。

生人社会

按中国传统道德要求，每个人无论在家庭还是家族里都有固定的角色，比如对父母长辈、妻子兄弟、儿女后代应该是什么样的道德。儒家规定得很清楚，包括由此推衍出来与邻居或外人的关系。不管在外边有多大本事，只要回了家，角色和道德都是固定的。不容易解决的就是离开家，离开有熟人的社会，完全到了另外一个都是陌生人的社会，和这里没有任何血缘亲属关系，怎么相交？这个问题儒家原来讲得不多，而缺少的这一层社会关系恰恰是江湖社会主要的道德所在。

请注意《三国志》对关羽的介绍，一开头就说他“亡命走涿郡”，背井离乡、远走高飞。他和刘备、张飞既非同乡，又非同宗，更非同学。从年轻时的贫贱之交，经过多年艰苦奋斗，仍然坚持原来的理想，志同心合，继续为恢复汉室而战。第一，他们有雄图大志；第二，他们一辈子都为这个事情奋斗，既不是共患难易，共富贵难；也不是共富贵易，共患难难；而是超越富贵、患难的境界和层次，最后实践相识时的誓言。这让同样背井离乡或者远走高飞者感到自己对刘关张的道德行为有一种特别的需要，这就是“义”，即关羽生平事迹与江湖社会道德契合之处。

顺便讲一下会馆神关公。随着古代中国社会转型和商品经济发展，背井离乡到城市里的人越来越多，陌生人社会对互助组织的需求越发强烈。晚明晋商率先在各地建立山西会馆，为同乡扶危济困。会馆可按籍贯和行业划分，既联络乡谊，又团结维权。关公当仁不让成为会馆神，这也是他成为江湖神的因素之一。

漕帮洪帮

隋唐以来，漕运开始发展，首都的粮食和供应、中央的赋税和费用从此而来。元代修通京杭大运河，这个交通要道是国家的命脉，对中央财政来说太重要了。明代隆庆六年（1572），徐州修了“关尉神祠”，仅供奉两个人，一个是汉代关羽，一个是唐代尉迟恭。据说他们都在徐州当过太守，应该捍卫航运安全。运河徐州段有一段叫吕梁洪，非常危险，经常翻船，不但死人而且损失惨重。之所以立祠，就是希望得到保佑。直到明代中期动用国家力量，把这段险滩炸了，才解决安全隐患。

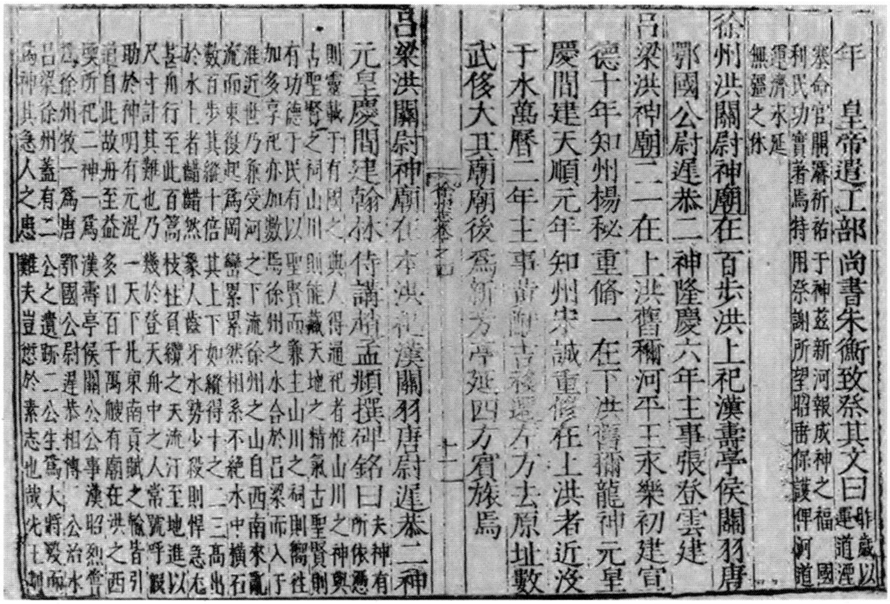
年　皇帝遣工部尚書朱衡致祭其文曰
徐州洪關尉神廟在百步洪上祀漢壽亭侯關羽唐
鄂國公尉遲恭二神隆慶六年主事張登雲建
呂梁洪神廟二一在上洪舊稱河平王永樂初建宣
德十年知州楊秘重脩一在下洪舊稱龍神元皇
慶間建天順元年知州宋誠重脩在上洪者近沒
于水萬曆二年主事黃獬吉議遷右方去原址數
武徙大其廟廟後為新芳亭延四方賓旅焉
呂梁洪關尉神廟在本洪祀漢關羽唐尉遲恭二神
元皇慶間建翰林侍講趙孟頫撰碑銘曰

明代徐州府志涉及关尉神祠记载

漕河及漕运是促成关公信仰普及的重要因素。交通状况向来是商品流通量的天然尺度之一，论经济史者不得不予以特别关注。鉴于中国传统社会的运河漕船载运量约十倍于陆运，通达漕运是历代政府的主要考虑。从明代开始，关公就成为漕运护佑神。无论船工、漕帮、来往客商、参加考试的举子或者是到各地做官的官员，心理上都祈求关公，所以沿运河修关庙，南从杭州，北到通州。传说如果有了风浪翻船，关公可能伸出大手，把船带人一块捞起来。还有传说是如果水涨得厉害，关公用大刀“啪”地划向河道，就能分洪。万历十八年（1590）加封关公为协天护国忠义大帝，就是源于传说治理漕河时他显灵护佑。

然而漕运除事故多发还需定期清淤，加上历代弊政，使其困难重重。有清一代，改用海运的呼声一直不停。海运花费省、运量大、速度快、又安全，于道光六年（1826）首次试行，二十八年（1848）再度试行，咸丰元年（1851）正式实行。从全球视野看，这也是工业革命背景下的必然结果。船工常年生活在船上，世代离乡别土，既需要技术性，又需要协同性的工种。当时有官漕、私漕、民漕，就是官船和民船，形成生活在水上的几百年世家。突然失去国家主顾，何以自处？于是改为分散在沿运河的码头，把持服务业，包括饮食、理发、唱戏等。他们已没有家乡，要靠互助互济来度过危险，直到养老送终。上述“漕帮”又细分为粮帮和盐帮，后来演变成“清帮”或“青帮”。之所以叫“清”，据说是源于国号大清。青帮这个隐性社会组织可以说是中国古代历史上最大的一个，继承漕帮供奉关公的传统，家庙设有关帝殿。

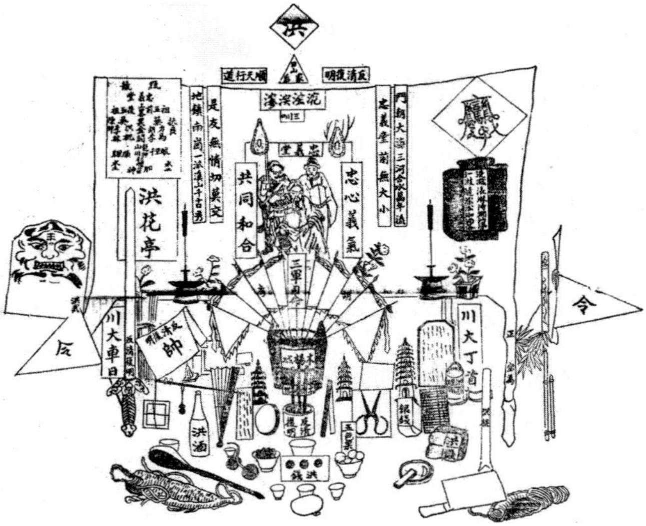

清代天地会入会仪式以关公为中心

还有洪帮（洪门、红帮），源自天地会，是“反清复明”的秘密团体。清廷一统天下，天地会只能在海外活动，在华侨中发展信众。明代皇室供奉关公，所以洪帮也供奉关公。洪帮和清帮最大的差别是对庙堂的态度，后者并不反清；前者有政治纲领，不是什么事都可以做的。清末洪帮对同盟会排满革命出力甚大，孙中山就正式加入过洪帮。此外著名秘密社会组织还有西北地区的哥老会、西南地区的袍哥，都拜关公。民间秘密宗教如白莲教、长生教在其经书中都有关公信仰内容，让查禁“邪教”的官府恼怒不已。

明代《全像三国志传通俗演义》插画：先主伐吴

先主下诏曰：吴班为先锋，朕自为将，后令张苞、关兴领三千精锐兵护驾。传令已毕，水陆并进，船骑双行。军势浩荡纵横，杀奔吴国而来。

第十五讲 全民神关公

中国是统一的多民族国家。关公信仰并非只在汉族地区发展和普及，那么少数民族地区呢？事实上，经过长期的民族融合，关公早已成为包括蒙古族、满族、藏族及绝大部分中国少数民族共同信奉的神明，是名副其实的全民神。

明代《全像三国志传通俗演义》插画：痛哭关公

玄德曰：“孤与关、张二弟在桃园结义时誓同生死。今云长已亡，孤岂能独享富贵乎！若不雪恨，乃负当日之盟也。”言讫又哭绝于地。众官急救方醒。

抚髀常思汉寿君

最早有关公信仰习俗的少数民族是金代女真人统治时期。大金国在很大程度上奉行全盘汉化政策，继承北宋文化、制度、宗教的诸多遗产。宋、金势同水火，何以信仰如一？

第一，经济原因。两国把盐业作为财政基石，盛产解盐的盐池先后归属宋、金。关公作为护佑解盐的神明，地位理应得以延续。

第二，时代原因。和两宋一样，金国和西夏、蒙古也是对峙关系，攻伐不断，俨然又是一部《三国志》。金末内乱多发，宫廷纷争，也与汉末相似。此时南宋理学传入，女真贵族和文人儒士由此研习《春秋》者众多，并推崇“忠节”观念，认可好读《左氏春秋传》，对汉室忠心不二的关公。

第三，金代北地宋民不忘故国，犹思光复。北宋覆亡后，金兵对新占领区域下达剃发和更改服饰令，招致关公故乡河东一带坚决反抗。“汉人”之称盛于辽、金、元之际，与“契丹”、“女真”或“蒙古”、“色目”民族名称等同时存在。不妨说，关公信仰是异族统治下汉民族意识觉醒的产物，借用金代汉人的一句诗作概括就是“抚髀常思汉寿君”。

第四，金代涉及关公的民间传说盛行并与戏曲、话本相互作用。现存最早有关其先人的文字记载即出自大定十七年（1177）解州常平家庙祖塔铭文，其中虚构其父母为免关公牵挂投井事迹。虽然史家并不认可，但却是关公信仰形成系统故事的明证。在戏曲、话本中都要介绍主要人物出身履历，父母殉身成仁的义举对关公形象起到加分作用。

现存史籍有金代所建关庙数处、庙记数篇，其中提到信武将军完颜师古重修河南汲县（今卫辉）武安王祠并祈祷的记载。可知关公信仰在宋、金时代有相当大的发展，同为汉民族和女真人所供奉。

“汉关羽”游皇城

北京城的核心地区西四附近有一座双关帝庙，据记载是金大定年间修建，百年后元代泰定皇帝出一万贯、皇后出五千贯重新恢复的。八百年来这座小庙跨越金、元、明、清、民国，直到今天。元代帝后为什么出资修复关庙?《元史·祭祀志》记载，忽必烈当了蒙古大汗不久，帝师八思巴为他召集盛大法会。法会不是广场固定式的，而是行进游行式的，也就是巡游，最核心部分是五百个神教军抬着“汉关羽”。很多历史学家感到疑惑：这是不是写错了？为什么关公是法会中心？元末北京地方志《析津志》再次提到此事。原来，这个习俗没有随着忽必烈的逝世而消失，而是一直延续到整个元代。那就是所谓游皇城，绕着皇宫巡游，而且抬着关公像。到了元末，关公像越做越精致，是由宫里专做珍贵皮毛的一个叫貂鼠局的机构用貂皮做的彩像。据该书记载，当时大都城里建了二十多座关庙，皇帝、王公、亲贵都去烧香。

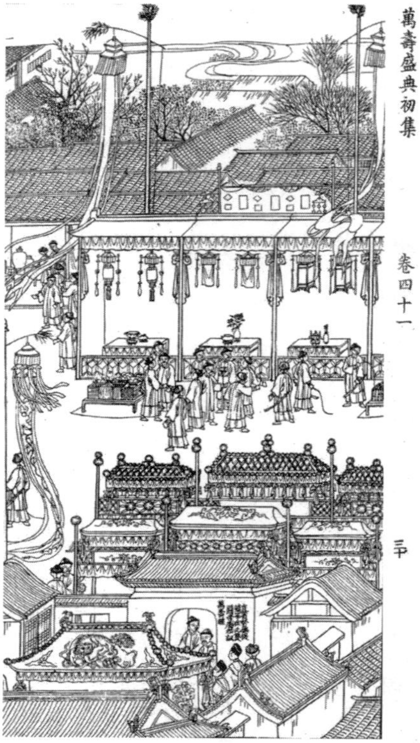

清代康熙《万寿盛典初集》中的西四双关帝庙

北京西四双关帝庙修复前的山门

蒙古族人是怎样接受关公信仰的呢？这就要说到中国戏剧史。中国的戏剧什么时候开始勃兴的？是从元代的元杂剧开始的。以前也有戏，规模都不大。为什么是这个时候？很重要的一个原因就是元代统治者拒绝汉化，但是有一个东西使他们痴迷，就是戏曲。应该说，汉族人很聪明地使用戏曲的形式向统治者宣传自己的历史、文化、宗教（尤其是道教）。现存的元杂剧剧目中有十三出关公戏，深得号称“黄金贵族”的成吉思汗子孙欣赏，认为这个人物的忠义仁勇很符合自己征战世界的宏大情怀。《三国演义》最初版本《新刊全相三国志平话》就是元至治年间（1321—1323）出现的。前所未有的异族统治和汉族自身意识觉醒，促成关公信仰在中华各地大发展。

元杂剧关公戏所包含的不完全是《三国志》乃至汉族的文化特征，还加入少数民族的思维特点。比如关汉卿的《关张双赴西蜀梦》，描述的是英雄男儿间思念之苦。能征善战的蒙古族世侯听来，恐怕别有一番动情之处。话说关羽被东吴偷袭身亡，张飞因急于为兄报仇遇害。刘备得到他俩托梦，发誓血洗东吴。而最有意思的是诸葛亮的唱段。在中国人印象中诸葛亮是以智慧闻名，对老百姓非常仁爱的人物。但是这出戏里他听到关羽死讯，赌咒发誓血洗金陵府，用马鞭蘸干扬子江！

大都新編關張雙赴西蜀夢全

元杂剧《关张双赴西蜀梦》唱词

古杭新刊的本關大王單刀會

元杂剧《关大王单刀会》唱词

元杂剧关公戏唱词非常投合蒙古族将帅快意恩仇，铁骑遍踏的武功和心理。著名剧目《赵氏孤儿》所揭示的强烈的家族复仇、以怨报怨的意识也在当时得到赞赏，不为偶然。《三国志》所记刘备、张飞听闻关羽被害时表现出的愤怒和不顾一切兴兵复仇的举动，虽然被当时舆论和后世儒家看作不智之举，恰能得到“黄金贵族”的理解和同情。这或许也是元代三国戏盛行的原因之一。

顺便提一下元代说唱艺术与关索戏。关索复仇故事是关公信仰的一个特殊支派，自宋至明流传不断，从中原、江南到云南、西藏及蒙古都能看到它的影子。大意是关公第三子与父失散，被拐卖到索家，习得武艺，父子相认，得名关索。关公被害后，关索活捉仇人，为其报仇。从其处处流露的元代社会风俗看，应该与频繁征战边陲的多民族军队的特有说唱艺术有关，而且是当时民族大融合背景下的产物。虽然讲的是汉族人物，但更多反映的是蒙古族而非汉族的伦理观念和思想意识。在《三国演义》中，关索只在诸葛亮七擒孟获的段落一闪而过。当时孔明征伐的是云南，而那里是今存傩戏“关索戏”最为盛行的地区之一。“关索戏”盛行于云南，可能与蒙古宪宗二年（1252）忽必烈远涉万里亲征大理，首次把云南全境收入中国版图的传奇行军有关。

关公与格萨尔

西藏在元代首次归入中国版图，藏族受蒙古族影响接受了关公信仰。藏传佛教共分五派，在元代占统治地位的是忽必烈帝师八思巴这一派，又叫萨迦派；在明代占统治地位的是噶举派；在清代占统治地位的是格鲁派。八思巴在为忽必烈召集法会“游皇城”时布置五百个神教军抬关公像，《三国演义》里边说关羽出来带五百个校刀手，这五百和那五百应该是有关系的。噶举派十七世大宝法王讲述过五世大宝法王从明永乐帝处迎汉神作护法一事，此神即是关公。格鲁派五世达赖写过关公护佑的经文、六世班禅把关公视为自己的保护神、三世章嘉活佛写过供奉“大战神”关公的仪轨、其师八世济隆活佛受乾隆帝派遣入藏平乱的福康安委托营造拉萨关帝庙。

这里还要谈谈关公与格萨尔王的关系。格萨尔是蒙古族、藏族共同的史诗人物。很多记载都说关公是汉族人的格萨尔，或者说格萨尔是蒙古族、藏族的关公。这是怎么一回事？细看《格萨尔王传》，其实最像关公的还不是格萨尔本人，而是他同父异母的哥哥甲察。甲察有几个特点：第一，是汉族妃子生的；第二，武器是宝马、快刀；第

珠峰北麓西藏定日关帝庙遗址——昔日世界海拔最高关庙

三，生性正直，勇猛，可为万人敌；第四，死于对方的阴谋诡计。最有意思的事情是，格萨尔的队伍在失败没办法的时候还会请甲察出来。甲察在半空中告诉人们，你们千万不要粗心大意，我就是因为疏忽才这样的。这听起来更像在关庙里边看到关公像和关公事迹的重叠。《格萨尔王传》形成时间正好是蒙古族势力和藏传佛教大规模进入中原的时候。后来格萨尔升天的时候，把他的整个王国交给甲察的儿子来管理，或者说是极似关公这个形象的后人来管理。就这样通过宗教信仰形式、变换的民族史诗形式和戏曲小说形式，关公同时表现了蒙古族、藏族心目中大英雄的形象。

最大公约数

中国西南少数民族的宗教和道教相近，云贵川一带少数民族也供奉关公。至今云南大理白族地区，每逢关公生日，关庙庙会还有古乐表演。中国西北新疆的锡伯族是清代从东北整体迁徙来镇压叛乱的，每逢五月十三会举办磨刀节纪念关公。唯一不一样就是信仰伊斯兰教的民族，如回族、撒拉族、维吾尔族。因为伊斯兰教是一元神教，只有一个神是安拉真主，不允许再信奉别的神，所以这些地方的关帝庙大部分都是镇守当地的清军所立。但也有例外，比如青海大通县老爷岭，上边有个庙叫老爷庙。老爷庙供的谁？关公。每年六月份，也是青海最暖和的时候，都有一个“花儿会”。西北民族喜欢唱的一种民歌，叫作“花儿”。无论回族、汉族还是裕固族、撒拉族都在唱，非常好听。举办“花儿会”时，通常会转山，转什么山？就是老爷庙这个山。转山唱的歌尤其是传统“花儿”里边，很多都提到关老爷。

满语的“玛法”是爷爷的意思，据说还有一个意思就是萨满教的神仙。满族有一部长篇叙事史诗名叫《关玛法乌勒本》，也就是关公传奇。这部史诗用满语讲述，边唱边讲，唱念结合，全套下来需要十多个晚上，深受老百姓欢迎。内容讲的是有一个小孩，本为草龙出世，被神母所救。追兵赶杀，神母叫他在河边洗洗脸，于是变成红脸小孩。长大后与耶鲁里恶魔搏斗，拯救北方苦难的女真人。关玛法善射箭，是一位大英雄。全篇故事不讲桃园结义等段落，集中讲关玛法出世、习武、救世等。故事内容丰富，主要人物已经北方民族化，如关玛法出世于东海、盗耶鲁里神马、与超哈占爷比武等，吃穿用具及礼节已女真生活化。关玛法成了满汉杂糅、民族融合型的可亲可敬的人物，以至于很多满族人给孩子起名关圣保。进入民国以后，满族人纷纷改姓，其中一个大姓瓜尔佳氏就直接改姓关，而且自认关老爷后代。中国国民党有一位副主席关中就是满族瓜尔佳氏，同时是世界关氏宗亲会重要人物。满族对关公始终有一种特别的情愫。

少数民族政权对关公信仰形成起过重大的作用。公元938年，耶律德光（辽太宗）接受后晋所献汉地幽云十六州（今河北、山西一带）。为确保本民族不被“汉化”，又考虑到更多难以被“胡化”的汉人，于是实施契丹人与汉人的“一国两制”分治政策。这一变通措施被西夏、金、元继承，到元至正二十八年（1368）元亡，实施时间长达四百年。与此相比，不可能有其他任何办法更能加强生活在异族统治地区的汉民族认同感和凝聚力。与此同时，关公信仰被诸多兄弟民族所接受。特别是元代，汉民族文化优越感前所未有地丧失。民族

清代雍和宫藏传佛教关公唐卡

意识的觉醒靠宗教、祭祀和戏曲、说唱助阵，“汉关羽”的符号价值凸显，关庙由此遍布中华。由于汉民族主体意识已在明代形成，清代不再分而治之，转而在一定程度上实施满汉融合（汉族地区）、民族区域自治（蒙、藏、维吾尔地区）和改土归流（云贵川地区）等政策，从此奠定延续至今统一的多民族国家基础。

直到今天，在大量少数民族地区甚至一些很边远的地方，都能看到关公信仰的遗迹，而且在当地的传说、音乐、舞蹈里也能发现很多。中华文明是各民族共同构建的，文化是互相融合、包容的。汉族文化会影响少数民族的传说和信仰，同时也受到少数民族传说、信仰的影响。至少我们现在还没有发现中国古代历史人物中有第二个像关公那样，能够达到几乎所有少数民族共同崇奉、尊重、信仰的地步。

明代《遗香堂绘像三国志》插画：汉水泪诉

玄德败军不满一千，狼狈而奔。前至一江，唤土人问之，乃汉江*也。玄德权且安营。土人知是玄德，奉献羊酒，乃聚饮于沙滩之上。【*即今汉水】

第十六讲 移民神关公

关公信仰不单在中国境内覆盖社会各阶层，和睦各民族，它还是海外华人心目中非常重要的故土象征，成为中央之国、中华民族和华夏文明的符号。关公信仰向边疆和海外传播的过程与约二百年前开始的移民大潮是基本同步的。

明代《遗香堂绘像三国志》插画：携民渡江
两县之民，齐声大呼曰：“我等虽死，亦愿随使君！”扶老携幼，将男带女，滚滚渡河，两岸哭声不绝。玄德于船上望见，大恸曰：“为吾一人而使百姓遭此大难，吾何生哉！”

大移民

对当代人来说，移民是一个很熟悉的词。据说华侨已有4000万之众，这样庞大的群体是怎么形成的，又是何时开始的呢？

晚明与葡萄牙、西班牙海外贸易成果丰硕，由新发现的美洲大陆不断传入新的植物，使中国作物品种明显增加，特别是甘薯、土豆和玉米等。此外一年两季乃至三季种植逐渐成为夏播秋收的常态，耕种方式更是无所不用其极，如大量出现高效利用水土的梯田。在国家政策层面，万历九年（1581）实行“一条鞭法”，把田赋、徭役和杂税合并折成银两数目分摊在土地亩数上收取，农民负担得以减轻。康熙五十年（1711）宣布以该年人丁数为固定基数，“滋生人丁，永不加赋”。雍正元年（1723）实行“摊丁入亩”，取消人头税，以前为逃避赋税而隐瞒的人口得以公开。以上变化带来清初时期中国人口史无前例的急剧增长。康熙二十四年（1685）人口过亿，乾隆六十年（1795）人口达3亿。这应该是传统农业区域和成熟的物种及耕作技术容载量的饱和点。

当时中国疆域远比现在辽阔，但今天的重要产粮区、产棉区东北、新疆均未开发。即使再精耕细作，也容纳不了骤然增长的人口，土地面积总是有限的。再加上道光二十年（1840）鸦片战争打开国门，洋货及鸦片输入导致手工业衰落，失业人口剧增。自此之后，中国开始出现经济型移民，去向是边疆或海外。除了战争或政治原因的严控管制期间之外，移民势头一直未减，直到今天。关公成为移民神，就是在这个大背景下出现的。

此前中国社会也有过数次大移民，大多因为战争、动乱，也有和平时期把富户集中搬到新的政治中心。比如两晋、两宋之间的客家人南渡、明初的“洪洞大槐树”、清初的“湖广填四川”，还有历代流放岭南、西南、关外、西北等地的。但是这次大移民和以前不大一样，起因主要是人口增长带来的经济压力。人多地少，不得不走出去讨生活，开创新天地。这里介绍此次经济型移民其中几个大方向：“走西口”“闯关东”“下南洋”，还有后来的“淘金山”。

台南祀典武庙“圣祖厅”（朱正明 摄）

走西口

“走西口”的故事已被拍成电视剧。所谓西口，实际上是长城关隘杀虎口，位于山西、内蒙古交界处的右玉县。“走西口”主要是山西和陕西两省人口通过内蒙古或者甘肃，途经外蒙古，继续往西北方向走。这和晋商有很大关系，而晋商的发达与明清两代西北边防密不可分。另外就是对外贸易。山西、陕西背靠外蒙古，外蒙古背靠俄国，俄国背靠欧洲，晋商顺着这个路线做陆上贸易。比如有一家晋商，做生意的招牌名叫大盛魁，东家分别是山西太谷的王家和祁县的张家、史家。这三家的发达史与关公信仰大有关系。

当年，王、张、史三人就看到沿蒙古到欧洲这条路有很大商机，但是缺少本钱。大盛魁商号初创时创业很不顺利，过大年的时候三人揭不开锅，只能喝米汤充饥，借住在一座小庙里。就在这个时候，来了一位身穿蒙古袍、背着包裹的壮汉，要求讨碗饭吃。三人热情接待，还把仅有的米汤让给他喝。来人喝罢说出去办点事，便留下包裹走了，此后再未返回。打开包裹一看，是一包白银（还有一说是第二天发现庙外有一匹马，驮着一大口袋银子）。此后多次查访，亦无下落。三人商量，决定暂时挪用银子作为本钱。日后赚到的钱分成四份，一份留给失主，除了还给本金外还要为其专门入上一份干股。此后商号生意十分顺利，发展成为晋商里边最大的一家。三位东家认为：在自己最困难的时候，肯定是财神变成壮汉送来本钱，便把这笔银两留下作财神股。同时为纪念创业时过大年喝米汤的日子，规定每年正月初一商号喝一顿米汤。

清代晋商“大盛魁”空白银票（收藏家陈旭提供）

说了那么多，这和关公有什么关系呢？当年王、张、史三人借住的那座小庙恰巧就是关庙。在他们心目中，壮汉也许就是关公显灵呐！所以大盛魁业务发展到什么地方，就把关帝庙修到什么地方。于是，从山西、陕西通向内外蒙古或新疆，“走西口”的一路上都是大大小小的关庙，其中在今俄罗斯和蒙古国交界处的恰克图（汉名买卖城，俄语意为有茶的地方）建有一座可能是当时中国最偏远的关庙。至于沿途山陕会馆供奉关公，就更不必说了。

“走西口”还有一种情况是农业移民，整村的人出动。路途上也有很多凶险的地方，比如去包头要经过黑土崖子，那里有土匪出没。为此，一个新的村落建立起来时里边一定有关帝庙，保佑平安。以至于俄罗斯探险家都很奇怪，为什么这一路上都有关庙？嘉庆年间因进谏犯上被贬到新疆的洪亮吉在笔记中提到，他在甘肃一个很小的村里为关庙写碑，其中称只要有两三户聚集在一起都修关庙。

闯关东

“闯关东”的历史，近年也在电视剧中得以表现。关东就是今天中国东北地区，原始神秘，富饶广大。这里既是满族发祥地，也是与沙俄、朝鲜接壤的重要边防地带，被清廷封禁二百余年。近代以来，沙俄和日本对东北虎视眈眈、鲸吞蚕食。为抵御强邻，开禁放垦，鼓励内地移民势在必行。咸丰十年（1860）开放黑龙江、吉林部分平原和草原垦殖，光绪三十年（1904）开放东北全部边荒地，光绪三十三年（1907）改制设东三省，陆续开始大规模移民，其中农业移民主要去向是黑龙江。

“闯关东”期间，百万关内农民，主要是山东、河北移民，或步行出关，或渡海上岸。人们大都带着家乡的关公像，到了关外先盖一个草棚子，把像安放起来，然后在附近筑村、建寨。比如齐齐哈尔关帝庙、辽阳关帝庙、中国目前最北端的关庙——黑龙江边的虎林关帝庙，都是如此建成的。掠夺中国大片领土的沙俄为解决地广人稀的矛盾，招募关东穷苦农民前往耕种。海参崴（今符拉迪沃斯托克）成为华人聚集地，那里的关帝庙是华人的精神家园。20世纪30年代苏联“大清洗”运动期间，海参崴华人及关庙均消失无踪。据俄罗斯专家介绍，实际上在虎林对岸，现在叫列索扎沃茨克和达里涅列钦斯克的城市，还能看到早期移民修建关帝庙的痕迹或者遗址……日本相继侵占中国东北和华北后，关内向关外仍有大规模移民，但多为工业移民，关公信仰发展进程也被侵略者力推的皇民化教育打断。

下南洋

“下南洋”的故事，据说也被改编为电视剧。南洋就是今天说的南中国海及南太平洋一带。狭义的南洋，包括菲律宾、马来西亚、泰国、印度尼西亚、新加坡、缅甸、柬埔寨、老挝、越南等在内。广义的南洋还包含印度、澳大利亚、新西兰及附近太平洋诸岛。

“闯关东”“走西口”较为单纯，都是经济移民。不同的是，“下南洋”既有移民外迁，也有遗民外逃。每逢王朝变乱，中原和沿海地区都有惧祸避战的难民和不愿生活在新朝的前朝遗民到中南半岛或东南亚。20世纪50年代以来，中国严控移民人口，而南洋诸国华侨多有被迫害而大批返回大陆的。改革开放后，“下南洋”通路重新打开，至今不绝。

“下南洋”移民以前主要来自福建和广东。闽、粤两地供奉的杂神很多，到过香港的人大概都有了解，比如黄大仙等。但是如果大家到了一个新的地方，想联合起来，还是要供奉正神，也即修关帝庙。那时候南洋各地关帝庙几乎就成为民间领事馆：移民如果在外边受了欺负，就会在关帝庙里边商量如何应对；如果不同的家族或者不同地域的华人发生冲突，也来庙里商量如何协调。

淘金山

如果说，前几种移民去向是中国边远地区或者距离不远的中国邻国的话，那么“淘金山”则属远涉重洋，飘摇万里了。金山，是华人对海外金矿产地的俗称。咸丰元年（1851）前后，美国圣弗朗西斯科和澳大利亚墨尔本先后发现大型金矿，世人纷纷涌来淘金，其中当然也有华人。为此前者被称为“旧金山”，后者被称为“新金山”。另外，贯穿北美的大铁路是雇佣大量华工修建的，南非也吸引不少华工。

“淘金山”与关公信仰的关系也是说来话长。话说广东开平有个龙冈，是姓刘的小户人家祖传之地。当地大户想侵占这里，刘家自己的势力对抗不了。于是想了一个办法，即邀集当地姓关的，姓张的，还有姓赵的三家联合起来，仿照桃园结义后来再加上赵云的办法，四姓共同保护龙冈。经过长年官司，四姓终于胜诉，为此建立龙冈三义庙。

开平号称侨乡，是清末广东最早往外移民的地方，当年很多人可能是通过“卖猪仔”的苦力贸易方式移民南洋乃至美国。1963年，在美国的开平人首先提议成立龙冈亲义总会，发扬忠义仁勇精神，加强团结，共同在海外拓展。2001年，世界龙冈亲义总会和中国社科院共同召开研讨会，题目就叫“中国历史文化中的关羽”。总会由刘、关、张、赵四姓轮流担任主席，在全世界发展到300多万会员。

此外，20世纪80年代从中国出去的新移民开始在美国建立关帝庙。比如美国纽约关帝庙就建在高楼里边，因为大城市中心不太可能修建一个庭院，用来修建中国传统建筑。不过进去以后，里面的布置和中国庙宇是一样的。美国总统选举或者纽约州长、市长选举，都会到庙里拜关公，然后由电视台、报纸报道出来，以此来拉华人的选票。

翻开近代中国海外移民史，关公不但是移民维系对家乡、故土思念的符号象征，更重要的也是鼓舞移民开拓新天地，创业立家的精神力量。全球可以说凡是有华人的地方大都建有关帝庙，有统计说遍及160多个国家和地区。关公作为海外华人对故乡和国家、民族认同的非常重要的符号，伴随中华儿女的足迹遍布全球。百年来，华侨中不断涌现心怀祖国和中华民族的杰出成功人士，不能不承认关公在其中起到类似桥梁和纽带的作用。

附录一

参考文献

［1］黄华节.关公的人格与神格［M］.台北：商务印书馆股份有限公司，1967.

［2］郑土有.关公信仰［M］.北京：学苑出版社，1994.

［3］梅铮铮.忠义春秋：关公崇拜与民族文化心理［M］.成都：四川人民出版社，1995.

［4］蔡东洲,文廷海.关羽崇拜研究［M］.成都：巴蜀书社，2001.

［5］卢晓衡.关羽、关公和关圣：中国历史文化中的关羽学术研讨会论文集［C］.北京：社会科学文献出版社，2002.

［6］田福生.关羽传［M］.北京：中国文史出版社，2007.

［7］胡小伟.中国文化史研究·关公信仰研究系列（全五卷）［M］.香港：科华图书出版公司，2005.

［8］胡小伟.关公崇拜溯源［M］.太原：北岳文艺出版社，2009.

附录二

现存史迹

序号	地点	现状	故事	备注
1	山西运城（古称解州）关庙、家庙、池神庙	关庙为全国重点文物保护单位	云长出世处	旁有盐池及博物馆
2	河北涿州（古称涿郡）三义宫	省级文物保护单位	结识刘张处	旁有张飞故里、张飞井
3	河北定州（古称安喜）		首功任职处	鞭打督邮处
4	山东德州（古称平原）		最初领军处	
5	江苏邳州（古称下邳）土山关帝庙	省级文物保护单位	被俘归曹处	淮海战役粟裕指挥所
6	河南滑县（古称白马）颜良墓遗址		策马刺颜良处	
7	河南许昌（古称许都）春秋楼、灞陵桥、射鹿台	均为省级文物保护单位	暂居曹营处	灞陵桥关庙供奉曹操
8	河南汝南刘备台遗址		辞曹归刘处	
9	河南新野汉桑城	县级文物保护单位	投奔刘表处	关羽手植桑
10	湖北襄阳古隆中		诸葛亮隐居处	
11	湖南益阳		过江会谈处	《水经注》有“关羽濑”
12	湖北荆州（古称江陵）关庙及卸甲山关祠、城墙		都督荆州处	赤壁大战期间刮骨疗毒处
13	湖北荆门掇刀区		屯兵舞刀处	长坂遗址
14	湖北襄阳、樊城及邓城遗址		水淹七军处	

续表

序号	地点	现状	故事	备注
15	湖北当阳麦城		最后坚守处	
16	湖北远安（古称临沮）回马坡		大义归天处	奔蜀被擒处（一说在漳乡）
17	湖北当阳关陵、玉泉山显圣处	关陵为全国重点文物保护单位	葬身显灵处	
18	河南洛阳关林	全国重点文物保护单位	葬首钟灵处	

注：据胡小伟先生发起、组织、参与的“威震华夏——关公足迹七省行”（2012.9）路线整理。

附录三

生平纪事

延熹三年（160）

生于河东郡解县。小曹操五岁，长刘备一岁、长诸葛亮二十一岁，长孙权二十二岁。

光和六年（183）

流亡涿郡，与结交豪侠的刘备、张飞相识。

光和七年（184）同年改元中平。

随刘备所编义勇军扑灭黄巾。刘因功任安喜县尉，随其上任。

中平二年（185）

刘备在安喜责打督邮后逃亡青州，随行。

中平四年（187）

随刘备讨伐称王的张举、张纯。

中平六年（189）

刘备在下邳战黄巾有功，先后赴任下密县丞、高唐县尉及县令。随行。

初平元年（190）

随刘备同曹操到沛县募兵并加入讨伐董卓联盟，会于河内。

初平二年（191）

刘备败于黄巾，投奔公孙瓒，任平原相。关、张为别部司马，赴东光助公孙破黄巾。

初平三年（192）

随刘备至龙湊助公孙瓒战袁绍，又在拒马河追击袁将崔巨业，在泰山拒袁谭、张郃。

初平三年（192）

随刘备、田楷拒袁谭、张郃，兵疲粮尽，双方议和。

兴平元年（194）

曹操围陶谦，随刘备救援，自此归陶。刘为豫州刺史，驻小沛。陶死，刘任徐州牧。

兴平二年（195）

吕布投奔刘备，刘令其守下邳。随刘备守徐州。

建安元年（196）

刘备败于袁术部纪灵，徐州被吕布袭得。刘备再败于纪灵，随其屯于海西，后投曹操。

建安二年（197）

随刘备驻小沛。

建安三年（198）

刘备被吕布攻打，求曹操救援，随刘、曹灭吕布。其间屡向曹求娶吕将之妻，却被曹据为己有。

建安四年（199）

随刘备到许都，被曹操表为中郎将。欲杀曹被刘阻止。受命截击袁术，袭杀车胄。

建安五年（200）

被曹操擒获，刘备、张飞逃散。斩袁绍部颜良，受封汉寿亭侯。辞曹归刘于汝南。

建安六年（201）

随刘备投奔刘表，屯新野。

建安七年（202）

随刘备奉刘表命北征，在博望（今河南南阳）击败夏侯惇。

建安十三年（208）

诸葛亮辅助刘备。曹操南征，刘备撤退。率水师抵江陵，到汉津救刘备，驻夏口。参与刘备、孙权联军在赤壁大败曹军，占荆州四郡。

建安十四年（209）

曹操败退，奉命截其退路，又进兵长沙、武陵、桂阳、零陵，平定四郡。任襄阳太守、荡寇将军，屯江陵。

建安十五年（210）

随刘备赴京口见孙权，借得南郡东吴所占部分。

建安十六年（211）

与诸葛亮守荆州，刘备率部入蜀相助刘璋。

建安十七年（212）

与乐进战于青泥（今湖北钟祥）、寻口（今湖北安乐）、汉津（今湖北荆门）。刘备借此要求刘璋增加援助，双方关系破裂。

建安十八年（213）

诸葛亮入蜀协助刘备，独镇荆州。

建安十九年（214）

刘备夺得成都，赏诸葛亮、法正、关羽、张飞金银钱锦。

建安二十年（215）

孙权夺长沙、零陵（今湖南宁远）、桂阳，刘备率兵回援。奉命与鲁肃谈判，后双方平分荆州。

建安二十三年（218）

曹魏阵营内部不稳，皆欲联合关羽。拒绝孙权许婚。

建安二十四年（219）

刘备在汉中击退曹操并称王。拜前将军、假节钺，许都以南多地归附。攻襄樊、擒于禁、斩庞德。曹操亲征并联络孙权，吴军偷袭荆州。败摩陂，撤麦城，退临沮。

建安二十五年（220）

与子平被擒就义。首级传至洛阳，曹操以诸侯礼葬之。孙权以诸侯礼葬躯体于当阳。

附录四

信仰年表

朝代	年份	事件
蜀汉	章武元年（221）	先主刘备于成都为关羽建庙（衣冠庙）。
	景耀三年（260）	后主刘禅追谥故前将军关羽曰壮缪侯。
西晋	太康元年（280）	陈寿开始在洛阳编写《三国志》，其中《关张马黄赵传》为关羽立传。
南朝	宋元嘉六年（429）	宋文帝命裴松之在建康注《三国志》。裴注本为关羽传记补充重要史料。
	梁天正元年（551）	侯景部将攻荆州，陆法和借包括关羽在内的当地神明法力加以抵抗。
隋	开皇十二年（592）	天台宗创始人智顗创建当阳玉泉寺，后世以关羽皈依佛法事即附迹于此。
唐	仪凤年间（676—679）	禅宗北派六祖神秀依玉泉寺建度门寺，后世以关羽为护法伽蓝事即附迹于此。
	开元二十九年（741）	洛阳《关楚徵墓志》称其出自关羽族系，可知至迟此时已有自称关羽后裔家族。
	建中三年（782）	颜真卿奏请都城武成王庙配祀增加古今名将六十四人，含关羽。
	贞元二年（786）	关播奏请尽撤武成王庙配祀含关羽之“异时名将”，唯留张良。
	贞元十八年（802）	董侹为当阳撰《荆南节度使江陵尹裴公重修玉泉关庙记》，称关羽成神。
五代	乾宁四年（897）	诏令在刘备故里修复隋建蜀先主祠，此为各地三义庙之始。

续表

朝代	年份	事件
五代	后唐明宗（926—933）	《晋故陇西郡夫人关氏墓志铭并序》称明宗皇妃之母为关羽后裔。
宋	建隆元年（960）	赵匡胤将关羽等二十二将黜退武成王庙配祀，另取“功业始终无瑕”者。
	大中祥符七年（1014）	建解州关羽祠庙，此为关公信仰从巫祝淫祀向岳渎崇拜转变之始。
	庆历三年（1043）	据范仲淹建议，关羽等二十二将复入武成王庙配祀。
	至和二年（1055）	信众在桂林龙隐岩石壁刻“擎天得胜关将军，檀越关三郎”等文字，此为现存最早关公信仰摩崖。
	元丰三年（1080）	宋军于山西沁县建关庙并撰《威胜军新建蜀荡寇将军汉寿亭关侯庙记》，此为现存最早的关庙碑刻。
	崇宁元年（1102）	加封忠惠公，成为盐池保护神。此为后世加封关羽新爵之始。崇宁三年（1104）又封崇宁至道真君。
	大观二年（1108）	加封武安王。宣和五年（1123）加封义勇武安王，从祀武成王庙。
宋 西夏 金 蒙古	宋建炎二年（1128）	加封壮缪义勇武安王，诰词称其“肆摧奸宄之锋，大救黎元之溺”。
	金大定十三年（1173）	郝瑛撰山西平遥《慈相寺关帝庙记》，此为现存金国奉祀关羽最早记载。
	宋淳熙十五年（1188）	加封壮缪义勇武安英济王，为现存以关羽为祈雨神祇最初记载。
	西夏乾定四年（1226）	西夏黑水城守将城破前将包括金人版刻《义勇武安王位》关羽神像藏入佛塔。
	海迷失后元年（1249）	郝经撰顺天《重建义勇武安王庙记》，此为现存蒙古帝国政权建立关庙之最初记载。

续表

朝代	年份	事件
元	至元七年（1270）	正月十五日“游皇城”以“汉关羽”为监坛，遂成每年制度。
	至元十六年（1279）	《关大王独赴单刀会》《虎牢关三英战吕布》等杂剧上演。
	至大元年（1308）	胡琦《关王事迹》刊行，开始将关羽祖系、生平及封赠、碑记、题咏汇于一书。
	至治年间（1321—1323）	虞氏刊本《全相三国志平话》刊印，此为现存最早的三国平话话本。
	泰定元年（1324）	帝后出资复新西四北羊市角关庙，大学士阿尔威撰《汉义勇武安王祠记》记其事。
	天历元年（1328）	加封显灵义勇武安英济王，遣使祀庙。
	至顺二年（1331）	加封齐天护国大将军、无佞侯、壮穆义勇武安英济王、护国崇宁真君等十余头衔。
明	洪武三年（1370）	恢复汉代封号称“前将军寿亭侯”，尽去宋、元封号。二十七年（1394）敕建关庙。
	宣德年间（1426—1430）	宫廷画师商喜绘制巨幅《关羽擒将图》，疑与汉王朱高煦叛乱未遂及警示藩王有关。
	成化十三年（1477）	在北京敕建寿亭侯庙即国家祀典关庙；二十三年（1487）在皇宫敕建三义庙并亲撰碑文。
	嘉靖元年（1522）	现存罗贯中本《三国志通俗演义》约于此年刊印。
	嘉靖十年（1531）	敕建正阳门关庙，厘定关羽为护佑帝祚之保护神；采纳建议改称汉寿亭侯。
	万历十八年（1590）	加封协天护国忠义大帝。此后运河沿途竞相修建关庙。

续表

朝代	年份	事件
明	万历四十二年（1614）	受封三界伏魔大帝神威远镇天尊关圣帝君。慈圣太后赐努尔哈赤以关公像。
	万历四十五年（1617）	御制北京万寿西宫护国关帝庙碑记，宣布关羽为皇室护佑神。
	崇祯十六年（1643）	皇太极定国号为清八年后，建都沈阳并称帝，敕建关庙。
清	顺治九年（1652）	加封忠义神武关圣大帝。
	顺治十八年（1661）	钱谦益编《义勇武安王集》刊行。
	康熙元年（1662）	加封协天伏魔大帝，四年后颁布《敕封碑记》，为三国故事划定框架，将洛阳关墓定名关林。
	康熙七年（1668）	《关圣帝君觉世真经》约于此年成书，此为民间重建价值体系，把关羽塑造为全民道德神之始。
	康熙十八年（1679）	毛纶、毛宗岗父子订评《三国志通俗演义》百廿回本问世，此为至今关羽故事中影响最大者。
	康熙三十二年（1693）	于成龙出资刊印卢湛所编《关圣帝君圣迹图志全集》，分仁、义、礼、智、信五卷。
	雍正三年（1725）	诏令祀典比照孔子，追封三代公爵，各地供奉。此为列入国家群祀之始。
	乾隆十年（1745）	诏改"羽"字为避讳计，如孔子"丘"改"邱"例。
	乾隆十五年（1750）	帝后及太后拜谒关林，乾隆帝亲书祭文及匾联。
	乾隆二十五年（1760）	诏改《三国志》"壮缪"谥号为"神勇"，十六年后（1776）改"忠义"。
	乾隆三十三年（1768）	加封忠义神武灵佑关圣大帝。
	嘉庆十九年（1814）	加封忠义神武灵佑仁勇关圣大帝。
	道光八年（1828）	加封忠义神武灵佑仁勇威显关圣大帝。

续表

朝代	年份	事件
清	咸丰二年（1852）	加封忠义神武灵佑仁勇威显护国关圣大帝。
	咸丰三年（1853）	加封忠义神武灵佑仁勇威显护国保民关圣大帝，改礼仪如祀孔，升级为中祀。次年亲至致礼。
	咸丰六年（1856）	加封忠义神武灵佑仁勇威显护国保民精诚关圣大帝。
	咸丰七年（1857）	加封忠义神武灵佑仁勇威显护国保民精诚绥靖关圣大帝。
	同治九年（1870）	加封忠义神武灵佑仁勇威显护国保民精诚绥靖翊赞关圣大帝。
	光绪五年（1879）	加封忠义神武灵佑仁勇威显护国保民精诚绥靖翊赞宣德关圣大帝。
	光绪三十年（1904）	帝后结束西狩，返京途中拜谒关林，到京时拜谒正阳门关庙。
	宣统元年（1909）	内蒙古黑水城佛塔藏《义勇武安王位》版画近七百年后，被俄国柯兹洛夫盗走，此为现存最早关羽画像。
民国	民国三年（1914）	民国政府批准将关羽、岳飞合祀武庙，凡有军人宣誓大典均在武庙行礼。
	民国十七年（1928）	国民政府废除孔子及关岳庙祀令，将关岳与孔孟等十二人列为“先哲类神祀”。
	民国二十八年（1939）	日伪华北临时政府恢复武成王祭祀，以关羽等十二将配祀。

跋

先父胡公小伟念其“关学”开山之作五卷本《中国文化史研究·关公信仰研究系列》体量宏富，有识者难求，故提要钩玄为两卷本《关公崇拜溯源》。不佞为普及计编成一卷本《第一神明》，应邓小白老师之邀付中国社会出版社。此次中国国际广播出版社许以再版，以《关公文化十六讲》为书名，匡正讹误，剔除重复，替换图片，又据胡公遗文及言谈有所增补。理学诸贤于关公信仰著力颇多，朱子裔孙朱高正博士见遗著而激赏，携予游福建东山关庙，并嘱另作繁体版，以利海外信众。书稿即将杀青之际，朱先生驾鹤西行，书此以记怆怀。吾家世交刘世定先生慨然赐序，将追思胡公发言整理成文，为之增色，在此拜谢！书中多帧图片来自在线古籍公益图书馆“书格”，一并鸣谢。

胡泊

丁酉夏至初订于京华西郊瞰山室

辛丑冬月再订于京华西城餐霞轩

图书在版编目（CIP）数据

关公文化十六讲 / 胡小伟著. —北京：中国国际广播出版社，2022.6
ISBN 978-7-5078-5149-6

I.①关… II.①胡… III.①关羽（160–219）—文化研究 IV.①K825.2

中国版本图书馆CIP数据核字（2022）第090716号

关公文化十六讲

著　者	胡小伟
责任编辑	梁　媛
校　对	张　娜
版式设计	邢秀娟
封面设计	鬼　哥　费　且

出版发行	中国国际广播出版社有限公司［010-89508207（传真）］
社　址	北京市丰台区榴乡路88号石榴中心2号楼1701 邮编：100079
印　刷	环球东方（北京）印务有限公司

开　本	710×1000　1/16
字　数	160千字
印　张	13.75
版　次	2022年8月　北京第一版
印　次	2022年8月　第一次印刷
定　价	48.00元